# ESPINOSA

COLEÇÃO
FIGURAS DO SABER

dirigida por
Richard Zrehen

*Títulos publicados*

1. *Kierkegaard*, de Charles Le Blanc
2. *Nietzsche*, de Richard Beardsworth
3. *Deleuze*, de Alberto Gualandi
4. *Maimônides*, de Gérard Haddad
5. *Espinosa*, de André Scala

# ESPINOSA
## ANDRÉ SCALA

Tradução
Tessa Moura Lacerda

Estação Liberdade

FIGURAS DO SABER

Título original francês: *Spinoza*
© Société d'Édition Les Belles Lettres, 1998
© Editora Estação Liberdade, 2003, para esta tradução

*Preparação de original e revisões* Tulio Kawata
*Projeto gráfico* Edilberto Fernando Verza
*Composição* Nobuca Rachi
*Assistência editorial* Maísa Kawata
*Capa* Natanael Longo de Oliveira
*Editor responsável* Angel Bojadsen

CIP-BRASIL – CATALOGAÇÃO NA FONTE
Sindicato Nacional dos Editores de Livros, RJ

S293e

Scala, André, 1950-
Espinosa / André Scala ; tradução Tessa Moura Lacerda.
— São Paulo : Estação Liberdade, 2003. — (Figuras do saber ; 5)

Tradução de: Spinoza
Inclui bibliografia
**ISBN 85-7448-080-0**

1. Spinoza, Benedictus de, 1632-1677. 2. Filosofia
holandesa. I. Título. II. Série.

03-1910.

CDD 194.492
CDU 1(492)

*Todos os direitos reservados à*

Editora Estação Liberdade Ltda.
Rua Dona Elisa, 116   01155-030   São Paulo-SP
Tel.: (11) 3661-2881   Fax: (11) 3825-4239
editora@estacaoliberdade.com.br
http://www.estacaoliberdade.com.br

# Sumário

As grandes datas ...... 9

Introdução ...... 11

1. Tratado da emenda do intelecto ...... 15

2. Princípios da filosofia cartesiana ...... 43

3. Tratado teológico-político ...... 71

4. Ética ...... 85

Conclusão ...... 127

Bibliografia ...... 129

# As grandes datas

1632     nascimento em Amsterdã, em 24 de novembro, de Baruch Espinosa, filho de um comerciante pertencente à comunidade marrana.

1639-45     Espinosa aprende hebraico na escola rabínica *Etz Aïm*.

1645-50     Espinosa participa do grupo de estudos talmúdicos da *yeschiva Keter Torah* dirigida por Saul Lévi Morteira e é iniciado na Cabala com Manasseh Ben Israël. Em abril de 1647, Espinosa assiste à flagelação pública de Uriel da Costa, que se suicida depois da execução da pena.

1652     Espinosa ingressa na escola latina de Van den Enden, onde aprende latim e holandês. Lá conhece os Colegiantes (protestantes liberais), faz teatro e se apaixona pela filha de Van den Enden...

1654     morte do pai de Espinosa.

1656     em 27 de julho, o *herem* [a excomunhão da comunidade judaica] é proferido contra Espinosa.

1660     Baruch Espinosa se torna Bento (*Benedictus*: tradução de *Baruch*) Espinosa.

1661     Espinosa escreve o *Tratado da emenda do intelecto e da via pela qual melhor se dirige ao verdadeiro conhecimento das coisas*, que será publicado, inacabado, após sua morte, em 1677.

1663 Publicação das Partes I e II dos *Princípios da filosofia de René Descartes, demonstrados à maneira geométrica, aos quais se acrescentam os Pensamentos metafísicos, nos quais as questões mais difíceis que ocorrem tanto na parte geral como na parte especial da metafísica são brevemente explicadas*, o único livro de Espinosa publicado em vida e com o seu nome.

1670 Espinosa se instala em Haia. Publicação, sem o nome do autor e com falsa indicação de editor e local (Hamburgo), do *Tratado teológico-político contendo algumas dissertações nas quais se mostra que a liberdade de filosofar não apenas pode ser conciliada com a piedade e com a paz da República, mas não pode ser suprimida sem que, ao mesmo tempo, sejam suprimidas a paz da República e a piedade.*

1672 Assassinato dos irmãos De Witt.

1673 O Eleitor Palatino oferece a cadeira de Filosofia de Heidelberg a Espinosa, que a recusa.

1675 Espinosa termina a redação da *Ética demonstrada em ordem geométrica e dividida em cinco partes nas quais se trata I De Deus II Da natureza e origem da mente III Da origem e natureza dos afetos IV Da servidão humana ou da força dos afetos V Da potência do intelecto ou da liberdade humana*, iniciada em 1661. Redação do *Compêndio gramatical da língua hebraica* e do *Tratado político.*

1677 Bento Espinosa morre de tuberculose em Haia.

# Introdução

No começo de *Intriga internacional*, de Hitchcock, na Oak Room do Plaza em Nova York, Tornhill (Cary Grant) levanta-se da mesa para telefonar a sua mãe. No mesmo momento, por coincidência, um camareiro chama Kaplan ao telefone. Dois espiões de vigília concluem que esse homem que se levantou é o Kaplan que eles procuram. Mas ignoram uma coisa: Kaplan é apenas um nome, um artifício para enganá-los; faltava a esse nome um corpo para tornar o artifício mais crível; Tornhill dará, sem o saber, esse corpo. Não se desconfia o bastante dos nomes próprios. Kaplan, Tornhill ou mesmo o *tenente Kijé*. Todos envolvem uma existência, eles assumem o lugar de prova *a priori* da existência. É preciso desconfiar também de livros cujo título é um nome próprio. *Espinosa*. Espinosa?

Aqueles que fazem filosofia e aqueles que não fazem parecem hoje estar de acordo: Espinosa é um filósofo, um grande filósofo. Não foi sempre assim. Em seu tempo, ele foi o ateu, o ímpio, o infame, o impostor e outras coisas. Espinosista era uma injúria, quando não um delito. Seus inimigos não se enganaram, eles o compreenderam bem, às vezes melhor que seus amigos. Basta dizer que Espinosa, o prudente Espinosa, soube se fazer compreender por seus inimigos. Ele não tinha necessidade nenhuma de os atacar, seu pensamento em si mesmo revelava seus inimigos. Como pôde ser tão bem compreendido por seus inimigos, ele, o filósofo da alegria, do amor, do poder e da liberdade? A tristeza, o ódio, a impotência, a servidão possuem também sua alegria.

> Quem imagina destruir aquilo pelo que tem ódio, alegrar-se-á. (*Ética*, III, Proposição XX)

A alegria, diz Espinosa, é uma passagem, passagem de uma perfeição menor a uma maior. Não há ninguém que não queira passar de uma perfeição menor a uma maior. Ninguém! Nem mesmo o tirano, o teólogo ou o criminoso. A força da filosofia de Espinosa está em ter entristecido a alegria dos tiranos, dos teólogos, em ter negado a sua perfeição. Hoje se é mais benevolente em relação a isso. Às vezes até mesmo Espinosa "não chove nem molha". Teria ele se transformado em um monumento ou em uma antigüidade? Pode também haver um mal-entendido quando se fala de Espinosa, quando se escreve sobre ele. De quem vamos falar? Daquele que parece não prejudicar mais ninguém? Daquele cujo nome não se pronuncia sem pavor?

É a idéia de panteísmo que aparece ao ler seu nome? A imagem do banido da comunidade judaica de Amsterdã? A antecipação da psicanálise ou da psicossomática? Aquele livro estranho, escrito como um tratado de matemática e que se chama *Ética*? Existe tanta relação entre Espinosa e aquele que se associa a tudo isso, quanto entre Kaplan e Tornhill? Durante quase todo o filme, Tornhill, perseguido pelos espiões, é coagido a buscar Kaplan, aquele por quem é tido. Até que ele percebe que Kaplan não tem uma existência distinta da que ele mesmo lhe deu ao persegui-lo. Kaplan não é outra pessoa que Tornhill buscando Kaplan.

Apresentar Espinosa a um público não especialista seria uma questão, acreditamos, da pedagogia ou ainda da vulgarização. Supõe-se com isso que um filósofo não pensou sobre essa questão e que seu discurso não contém nele mesmo as formas de sua possível comunicação. E uma certa pedagogia, uma certa vulgarização, fundadas sobre essa suposição, longe de tornar acessível uma filosofia, tornam inacessíveis os leitores a essa filosofia. Porque a pedagogia afeta os espíritos ao mesmo tempo que expõe os saberes. Ela os afeta criando o desejo de saber ou o medo de aprender? Entre os gregos, o pedagogo acompanhava as crianças até a porta da escola, ele não entrava. Hoje o pedagogo entrou na escola, resta saber se as crianças não permaneceram na porta. A pedagogia é coxa quando visa apenas tornar acessível. Ela crê em sua onipotência; Leibniz dizia que ela pode fazer os ursos dançarem. Ele escarnecia de uma pedagogia que se ocupava de um adestramento. Essa pedagogia não se tornou hoje um modo aceitável de circulação de mercadorias intelectuais?

Espinosa bem sabia que nem todo mundo pode fazer filosofia. Fornece para isso uma razão bem diferente da que nos vem à mente: a razão não é escolar. Fazer filosofia tem uma causa; não fazer, também. Uma das causas da não-filosofia é que a regra, em uma sociedade, é antes a superstição, a servidão e a obediência que o conhecimento, a liberdade e a compreensão. A regra é de tal modo que pode acontecer de a filosofia ser, ela mesma, uma forma de superstição, ou ainda de ela alimentar a servidão. É por isso que as palavras podem ser objeto de um combate e que há períodos um pouco sombrios em que nos restringimos a colocar a questão: é isso a filosofia?

Entretanto, Espinosa é um filósofo cuja relação com aqueles que não são filósofos é determinante. Quase não se pode imaginar uma maior solidão de pensamento. Mas, ao mesmo tempo, não se pode imaginar um esforço maior em estabelecer, instituir uma comunidade de pensamento. Ele sabia bem que não se pode ser filósofo totalmente só, portanto, que só se pode ser filósofo junto com aqueles que não o são. Mas esses apresentam o maior obstáculo à filosofia. Para Espinosa, alguém que não é filósofo pode ser aquele que quer tornar-se filósofo, ou aquele que impede que se seja, ou ainda aquele com quem se é filósofo. Três figuras, portanto: o estudante que quer aprender, o teólogo, o político e a turba (*foule*) que são obstáculos, a multidão (*multitude*) com a qual ele faz a filosofia. Como faz filosofia com aquele que quer aprendê-la? Como faz filosofia apesar daqueles que fazem de tudo para impedi-lo? Como faz filosofia com aqueles que não fazem? Eis as três questões que trataremos aqui.

Essas questões concernem a três livros de Espinosa: *Os Princípios da filosofia de René Descartes*, o *Tratado teológico-político* e a *Ética*. E essas três questões estão ligadas por uma outra: como um certo Espinosa, comerciante de Amsterdã, se tornou Espinosa? E esta questão concerne ao *Tratado da emenda do intelecto*.

# 1

# Tratado da emenda do intelecto

*Tractatus de intellectus emendatione et de via, qua optimè in veram rerum cognitionem dirigitur, Tratado da emenda do intelecto e da via pela qual melhor se dirige ao verdadeiro conhecimento das coisas* foi publicado inacabado após a morte de Espinosa, em 1677, tendo sido escrito em latim, sem dúvida durante o outono e o inverno de 1661-1662.[1] A carta VI que o filósofo escreveu a Oldenburg faz uma obscura alusão. Espinosa morava então em Rinjsburg, na periferia de Leyde. Rinjsburg tinha a dupla particularidade de ser a sede dos Colegiantes, grupo de democratas calvinistas, e de ser diretamente governada pelos Estados da Holanda e, portanto, por Johan de Witt.

## 1. Digo que "me decidi enfim"...

Espinosa elevou a filosofia a sua mais alta necessidade. E, no entanto, não esperou dela consolação nem refúgio. Mostrou, aliás, que não se pode esperar nada da filosofia. A última proposição da *Ética* diz, com efeito, o seguinte:

---

1. Sobre a data e a composição dessa obra, indicamos a edição de B. Rousset: Spinoza, *Traité de la réforme de l'entendement*, Paris, Vrin, 1991. [Optamos pelo título *Tratado da emenda do intelecto* por julgá-lo mais fiel ao original. Ver p. 41. (N. T.)]

A beatitude não é a recompensa da virtude, mas a virtude mesma; e não é porque refreamos os prazeres que fruímos dela; mas, ao contrário, é porque nós fruímos dela que podemos refrear os prazeres.[2]

Esperar alguma coisa da filosofia é supor que ela seja um meio para atingir um fim. Em certo sentido, a filosofia para Espinosa não possui outro fim que a liberdade, liberação da impotência, da tristeza, da superstição. Nenhum outro fim, quer dizer, nenhum outro efeito. A filosofia não é um meio para atingir um fim exterior a ela. O fim faz parte da filosofia. Espinosa não representou para si um fim abstrato, não encontrou uma filosofia acabada para atingir esse fim, nem um fim acabado para cujo alcance teria sido preciso adaptar uma filosofia. E quando começou a fazer filosofia não estava certo de consegui-lo. Ele não faz filosofia como se faz uma casa ou um martelo, ele faz filosofia como se inventa um martelo. Basta dizer que a decisão filosófica é um problema. Vejamos como Espinosa o coloca.

O início do *Tratado da emenda do intelecto*, escrito em 1661, expõe esse problema dramático. Quase todas as primeiras palavras do *Tratado* indicam que uma decisão foi tomada.

> Decidi enfim inquirir se existia algo que fosse o bem verdadeiro e capaz de comunicar-se, e somente pelo qual, todos os demais rejeitados, o ânimo fosse afetado; mais ainda, se existia algo que descoberto e adquirido me fizesse fruir pela eternidade a contínua e suma alegria.[3]

---

2. Espinosa, *Ética*, V, Proposição XLII.

3. Salvo indicação contrária, todas as citações deste capítulo são tiradas do *Tratado da emenda do intelecto*. [Em praticamente todas as citações do *Tratado da emenda* estamos utilizando a tradução feita por Moysés Floriano Machado-Filho (orientando da profa. Marilena Chaui) em sua

Uma decisão foi *enfim* tomada. Espinosa repete, "Digo que me decidi enfim...". *Enfim*, portanto não de repente: o que se passou antes que Espinosa se decidisse, *enfim*, a buscar um bem cuja fruição proporciona uma eternidade de alegria? Aconteceu alguma coisa de paradoxal, de escandaloso, de inadmissível: ele hesitou. Espinosa não ficou imediatamente certo de que seria um bem buscar um verdadeiro bem. Ele não tinha à sua disposição toda uma tradição filosófica que o teria persuadido de que buscar o verdadeiro bem é um bem? E quem lhe teria mostrado qual é este bem? Mas eis que ele não leva nada disso em conta, não se dá como ponto de partida nenhuma Sabedoria, nenhuma Virtude, nenhum Bem. Não leva nada disso em conta, isso não tem para ele nenhuma utilidade. Assim, não foi atraído por um bem, mesmo que fosse verdadeiro. Não sente que esse verdadeiro bem lhe faz falta, não é movido pela atração do que lhe falta. Não, ele hesita entre a busca de um verdadeiro bem e a busca de bens que se persegue comumente.

Buscar um verdadeiro bem significa supor que os outros não o são. Mas quem disse que o que os homens perseguem não é o verdadeiro bem? Em sua vida corrente, os homens chamam três coisas de bem: o prazer*, as honras e as riquezas. Não havia também à sua disposição princípios religiosos que lhe teriam mostrado que esses são falsos bens e lhe teriam ensinado as virtudes necessárias para a eles renunciar, a saber, a castidade, a humildade e a pobreza? Isso também ele não leva em conta, nem vê muito

---

dissertação de mestrado *Historiola animi. A experiência intelectual no Prólogo do* Tractatus de Intellectus Emendatione *de Baruch de Espinosa.* (N. T.)]

\* O texto em latim fala de *libidinem* [libido]. Manteremos, todavia, a opção do autor por "prazer", reservando "libido" para as citações do texto de Espinosa. (N. T.)

bem o que teria a ganhar renunciando ao que todos chamam de bem. Afinal, como se mede um bem? Pela felicidade que proporciona. Supondo que a mais alta felicidade esteja nos prazeres, nas riquezas e nas honras, renunciar a isso seria ser privado da felicidade; supondo que a felicidade não esteja nisso, perseguir prazer, honras e riquezas seria ser privado dela. Quanto a buscar alcançar essa suprema felicidade sem renunciar ao prazer, ao dinheiro, às honras, isto é, sem mudar o curso ordinário de sua vida, Espinosa diz que tentou, mas em vão. Para tomar sua decisão, Espinosa deve estar certo de que é um bem buscar um verdadeiro bem, e essa certeza não pode vir de nenhuma tradição, seja filosófica ou religiosa. E quando ele estiver certo disso, sua decisão será tomada.

Para falar propriamente, Espinosa começa por uma hesitação, uma hesitação não é uma dúvida. Para nós, leitores atuais, isso já o distingue de Descartes, ainda que não haja no início do *Tratado da emenda do intelecto* uma vontade explícita de se distinguir do filósofo francês. Descartes põe em dúvida, no esforço solitário da meditação, tudo o que aprendeu, todas as certezas comunicadas; Espinosa, diferentemente, permanece no interior do movimento da vida corrente, ordinária, ele é como qualquer um, não importa quem, sem uma identidade precisa. Ele não se excetua da multidão dos homens, nem do turbilhão de suas ações. Assim, porque se trata de uma decisão filosófica, Espinosa estranha profundamente a tomada de decisão. Ele é antes de tudo estrangeiro na filosofia. A filosofia é tocada a cada vez, ele a toca com o solo da vida corrente, do pensamento comum, da opinião, das práticas ordinárias. Como ele terá certeza de que é um bem buscar um bem verdadeiro? Pelo simples fato de ter se colocado a questão. Como ele se colocou a questão?

## 2. *O que muitas vezes tentei com frustração...*

Incerto de que a suprema felicidade estivesse no prazer, nas honras e nas riquezas, incerto de que ela não estivesse, Espinosa diz que tentou, mas com frustração, conciliar essas duas incertezas e buscar um bem verdadeiro sem renunciar aos outros. Com frustração, ele diz. Conheceu um fracasso e um fracasso reiterado, tentou com freqüência, esforçou-se muitas vezes. Mas qual é a causa desse fracasso e, sobretudo, como aconteceu sua reiteração? De fato, o prazer, as honras e o dinheiro impedem que se pense em outra coisa, em outro bem. Eles distraem, extraviam, dilaceram o espírito. Mas Espinosa não se coloca, então, uma questão pronta? Ele não supõe o problema resolvido? O que se chama comumente um bem impede a mente de pensar em um outro, ter a experiência desse obstáculo não é ter já decidido que o verdadeiro bem se encontra em outra parte e, conseqüentemente, já estar certo de que o verdadeiro bem não está onde todo mundo crê que esteja, sendo a única incerteza o fato de não ser certo que se possa atingir esse verdadeiro bem?

Buscar fruir um bem é uma coisa, buscar um bem seria outra. A incerteza na qual Espinosa se encontra concerne à fruição, à alegria, à felicidade. Essa incerteza não lhe diz que o verdadeiro bem está em outra parte que não nessa busca da vida comum, essa incerteza não lhe diz que o prazer, as honras e as riquezas não proporcionam alegria, essa incerteza diz respeito ao bem que proporciona a maior alegria: a suprema felicidade. Renunciar ao prazer? Mas quem disse que não é no prazer que está a suprema felicidade? Não renunciar? Mas quem disse que não é em outra parte que se encontra a suprema felicidade? Conseqüentemente, Espinosa não finge colocar uma questão já resolvida. Ele não se eleva acima de todos pela representação de um bem supremo que já teria examinado e do alto do qual escarneceria dos homens acorrentados aos prazeres, às riquezas, às honras. Ele está no coração de uma dificuldade que se coloca para todos. Ou antes, ele se introduz no coração de todos para transformar essa dificuldade de modo a ultrapassá-la.

### 3. *Com essas três coisas a mente se distrai...*

Os bens perseguidos por todos distraem a mente, que não pode pensar – ou só o pode com muita dificuldade – em nenhum outro. A mente é separada do que ela pode. É por isso que Espinosa diz não ter podido se aplicar à busca de um outro bem ao perseguir aqueles que todos perseguem. Esses bens são exclusivos, ocupam quase toda a mente. Logo, o simples fato de se pensar em outro bem seria suficiente para mostrar que não se os persegue mais, que a escolha foi feita. Mas justamente não!

> Em todo combate entre ti e o mundo, secunda o mundo.

Aqui Kafka assombra Espinosa, que empregará toda a força desses bens e gerará em si mesmo o combate entre eles. Ele tentou várias vezes, em vão, fazer uma composição. Não pode compor em si mesmo uma relação. Os elementos dessa relação não combinam entre si, eles se decompõem, e Espinosa vai concluir que é preciso se opor a eles. A fim de que possa se opor a eles, é preciso que os deixe se opor quase a seu bel-prazer. Ele tentou concilialos, isto é, fazê-los entrar em uma relação de troca ou de cálculo. Para obter qualquer coisa, é preciso sacrificar alguma outra; a renúncia não é pensável senão pelo ganho possível, e também é preciso um mínimo de renúncia por um máximo de ganho, ou ainda, é preciso perder o mínimo possível para ganhar o máximo possível. A economia não é um jogo; na medida do possível, deve-se reconhecer por

Tratado da emenda do intelecto

antecipação a proporção de perda e ganho. Mas não é certo que o que vier compensar o que foi perdido seja estritamente igual a este. Haveria sacrifício de forças se esse sacrifício não trouxesse como ganho exatamente o que as restaurasse para se fazer de novo o sacrifício? Sem dúvida, mas sob a condição de se ser forçado a isso, ou então a de ter a ilusão incessantemente renovada de que o ganho é maior que o sacrifício.

No curso do texto, Espinosa tinha, até a constatação de seu fracasso, escrito tudo em primeira pessoa. Agora o sujeito do enunciado está em terceira pessoa. A passagem de um sujeito ao outro é essencial para compreender como a via da decisão é traçada. Citemos *in extenso* esta passagem:

> o que muitas vezes tentei com frustração. Com efeito, as coisas que mais ocorrem na vida e que pelos homens são estimadas como o sumo bem, pelo que se pode coligir de suas obras, se reduzem a estas três: riquezas, honras e libido. Com as três a mente se distrai [de] tal [modo] que minimamente pode cogitar outro bem.

A explicação do fracasso e sua causa são relacionadas às três coisas que resumem de uma só vez as ocorrências da vida e o bem supremo para os homens. A explicação e a causa não são relacionadas a uma impotência. As coisas que acontecem – as ocorrências da vida – são as mesmas que os homens consideram como o bem supremo. Em outros termos, a maior parte do que nos acontece, até se não buscássemos o mesmo que os outros, tem sua causa na busca do bem supremo pelos outros. Abster-se da dificuldade colocada por essa busca comum não resolve nada, porque o problema é que a mente dificilmente pode pensar em outra coisa. Não há aqui nem julgamento, nem acusação, nem confissão; a mente, de fato toda mente, é "distraída" por essas três coisas. De que ela se distrai? Na realidade de nada, ela não se distrai do pensamento de um outro bem, não se trata aqui de um divertimento, nem de um desvio, distrai-se de si mesma; é por isso que a tradução proposta por P.-F. Moreau[4] que transforma *distrahitur* em *déchiré* (dilacerado) é correta. A mente é separada de si mesma, e que ela possa "minimamente [...] cogitar outro bem" é um efeito desse *dilaceramento*. Como ela é distraída? Três casos diferentes se apresentam: o prazer, as riquezas e as honras.

## 4. Pois, no que se refere à libido, o ânimo é suspendido...

O prazer descansa a mente, dando, assim, a impressão de que ela atingiu seu destino, que não tem de procurar mais. Nenhum movimento, uma alegria beatífica, um contentamento. Ela fica suspensa, parada. O que se poderia atribuir ao corpo, Espinosa atribui à mente. Ele fala da mente como se falaria do corpo. O prazer, enquanto bem, é tomado como um lugar, um espaço onde a mente repousaria. Isso não significa que o prazer faça bem, mas que a mente se sente bem no prazer. Esse sentimento é efêmero, e ela se torna triste. Não parece que a tristeza da mente venha da curta duração do prazer, nem mesmo do próprio prazer, mas do que ela colocou nisso, do contraste entre a plenitude e seu desaparecimento, a mente se encontra plenamente bem nessa efêmera forma de bem. Isso explica a forma de distração da mente no prazer e o que se segue. Ela fica perturbada, bestificada, entre uma coisa e seu contrário. O frenesi e a consciência pesada são duas faces de um mesmo sentimento: a subtração libertina das perfeições morais pela reiteração dos prazeres é um

---

4. Moreau, P.-F., *Spinoza, l'expérience et l'éternité* [*Espinosa, a experiência e a eternidade*], Paris, PUF, 1994.

movimento de mesma natureza (embora em sentido inverso) que o aumento dessas perfeições pela abstenção ou pelo remorso desses prazeres.

Assim, quando Espinosa, para se defender das acusações de ateísmo, apresenta o argumento inaudito de que ele não leva uma vida de prazer nem de luxo, e de que esse modo de vida bastaria para convencer seus acusadores de que ele não é ateu – "Os ateus, com efeito, têm o hábito de buscar sobremaneira as honras e as riquezas, as quais sempre desprezei; como todos que me conhecem sabem bem"[5] –, é preciso talvez compreender que não se pode combater a religião pela simples busca do que ela condena, porque ela jamais poderia condenar os prazeres se a mente não se condenasse neles. Repouso, perturbação, estupidez são os três estádios da distração, da decomposição da mente no prazer. A mente, porque sujeita os prazeres a seu desejo de felicidade suprema, se extravia quando eles cessam, como um casaco que cai com o gancho que ele acreditava estar preso na parede. Nos prazeres, o corpo se torna instrumento da mente. Longe de ser a perda da mente pelo corpo, é, ao contrário, a perda do corpo pela mente. A mente exige do corpo o que ele não pode lhe dar, não por impotência, mas porque ela lhe exige mal. E ela o leva a perder-se, deixando-o doente. Ela sujeita o corpo a suas exigências: dar lhe um bem no qual descansar.

### 5. Também perseguindo honras e riquezas não pouco a mente se distrai...

A distração da mente na busca das honras e das riquezas é bem diferente dessa que acabamos de ver. Certamente

---

5. Carta 43 a Jacob Osten, janeiro ou fevereiro de 1671, in Spinoza – *Œuvres 4*, Paris, Garnier-Flammarion, 1966, p. 272. Edição de referência: *Spinoza Opera IV*, Herausgegeben von Carl Gebhardt, Heidelberg, Carl Winters Universität Buchhandlung, 1925.

pode acontecer que se persiga o prazer como uma riqueza (Don Juan), ou que se tente descansar na riqueza como no prazer (Harpagão), mas não se trata então das ocorrências mais freqüentes da vida. As honras e as riquezas são, em geral, buscadas por outra coisa diferente delas, são menos bens que meios de aquisição de bens. De certa maneira, o extravio da mente neste caso deveria ser menor que no prazer, porque o prazer é sempre buscado por ele mesmo, frui-se do prazer.

Todavia, um irreprimível movimento impede que se repouse na fruição das honras e das riquezas. Este movimento é duplo: de um lado, esses meios são bons neles mesmos, independentemente de toda utilização possível; de outro, o simples fato de os adquirir, alegra. Assim, são bons não porque se desfruta deles, mas porque se os obtém e, conseqüentemente, a finalidade é menos deles fruir que os obter. Logo, o simples fato de persegui-los como meios transforma-os em fins, donde o efeito imediato sobre a mente: a inquietude ou, o que dá no mesmo, a esperança. Se a mente tinha uma relação quase geométrica com os prazeres, lugar no qual repousa, com as riquezas e as honras a relação é aritmética, a mente é tomada por um movimento de somatória, "quanto mais se possuir uma e outra [honra e riqueza], mais aumentará a alegria e, conseqüentemente, mais e mais somos incitados a aumentá-las".

Assim, o crescimento das honras e das riquezas não tem por fim aumentar os meios de satisfação, mas sim aumentar a alegria de as adquirir e de as possuir, porque o bem reside na transição de uma quantidade de alegria a uma outra e não na fruição de um objeto. A riqueza, diferentemente do prazer, não se consome! A distração, o extravio, ou o dilaceramento da mente na busca de honras e riquezas consistem em uma dupla confusão, aquela dos meios e dos fins, e a do mais e do menos. A alegria, pelo fato de aumentar, indica à mente que ela é menos do que poderia ser, ela é, portanto, ao mesmo tempo um máximo e um mínimo, uma plenitude e uma pobreza, donde o reinado da probabilidade, tanto do ponto de vista das honras como do das riquezas. Daí o ponto de vista da troca quando a busca do bem é entendida sob o modelo da busca de riquezas ou de honras. Porque a alegria aumenta pela passagem de um menos a um mais, pela passagem à posse; possuir não é nada em comparação com a aquisição, e o que se tem é menos importante do que o que se poderia ter, o real é menos do que o possível. E como, de um lado, a aquisição é um meio em vista da posse e, de outro, a posse é um meio em vista de um uso, riquezas e honras são perseguidas ao mesmo tempo como meios e como fins. A mente, porque sujeita as riquezas ao seu desejo de felicidade suprema, se extravia quando as busca como tais, porque, em lugar de alcançar as alegrias de sua utilização, experimenta as alegrias imediatas de sua aquisição. O pagamento traz mais felicidade do que o gasto e, no entanto, o pagamento é o meio do gasto, o meio traz mais felicidade do que o fim. E o desejo de riquezas não consiste em desejar somente o que compense esses gastos, mas também o que aumente a alegria de sua aquisição.

É, portanto, pelo mesmo movimento pelo qual elas são meios desviados ou privados de seu fim, que são desejadas por elas mesmas e tomadas como o bem supremo, como um bem em si, abstraindo-se sua utilização. A privação de sua instrumentalidade as faz passar pelo bem supremo. A dificuldade, para a mente, de conceber um bem diferente do prazer tem sua causa no repouso que o prazer lhe oferece. Ao passo que sua dificuldade de conceber um bem diferente das riquezas e das honras tem sua causa no movimento que elas provocam. Além do mais, não é o dinheiro que reina sobre a mente, é ela que reina sobre o dinheiro, mesmo que invente riquezas que reinam automaticamente sobre ela.

## 6. *Assim, a honra é de grande impedimento...*

A inquietude quantitativa, por assim dizer, que afeta a mente na posse de honras é encontrada também na sua aquisição. Obter honras, quaisquer que sejam elas, supõe que sejam obtidas daqueles acima dos quais as honras nos colocarão. A busca pelas honras implica, ao mesmo tempo, uma elevação e uma submissão, uma exceção e uma conformidade. Mas basta que os homens se reconheçam em um único para lhe atribuir honras? Não se trata apenas de honras extraordinárias ou heróicas, nem mesmo daquelas que se obtém por nascimento, trata-se sobretudo de honras correntes, constantes, aquelas que se aplicam à reputação ou, ainda, ao poder. Espinosa nota que o que se obtém como um bem, o reconhecimento pelas honras, vem daqueles que não o possuem. E se, honrados, cremos ter mais ou ser mais que os outros, é simplesmente porque os outros nos deram o que eles não têm e, portanto, o mais que nós temos ou que somos não vem do que foi dado, mas do fato de que algo foi dado. De sorte que o honrado não pode saber se suas honras vêm de seu próprio movimento de elevação ou de um movimento de recuo dos outros. Ele não pode saber se foi ele que se elevou, se foram os outros que se rebaixaram para elevá-lo, ou se ele rebaixou os outros para se elevar.

A mente, porque sujeita as honras a seu desejo de felicidade suprema, extravia-se quando as busca e as adquire como tais. O extravio consiste já na busca pura e simples. Mais adiante no texto, quando Espinosa estabelecer algumas regras de vida, observar-se-á que, enquanto uma diz respeito aos prazeres e à saúde e uma outra ao dinheiro, as honras não fazem parte delas. As honras são, portanto, um caso à parte. Com os prazeres, a mente se extravia em sua relação com o corpo; com as riquezas, em sua relação com as coisas; com as honras, em sua relação com outras mentes. De um certo ponto de vista, esta relação cobre as outras duas, assim como, aliás, a riqueza que se pode buscar para o prazer e para a honra. Mas ela se distingue da riqueza pelo fato de que não utiliza somente a busca de outros bens como fins. Para obter honras é preciso conformar sua vida à opinião de todos e buscar o que eles buscam, e fugir do que eles fogem. Assim, a busca de prazeres e a de riquezas pode ser determinada pela busca de honras. E o curso ordinário da vida leva a conformar suas regras de vida à opinião de todos, *ad captum vulgi*, escreve Espinosa, isto é, à atitude de todos, ao entendimento de todos.

Espinosa distingue honras no plural de honra no singular.

> Para a alcançarmos, deve-se necessariamente dirigir a vida consoante o pensar dos homens, fugindo daquilo que vulgarmente fogem, e buscando aquilo que vulgarmente buscam.

Parece que a honra extravia ainda mais o espírito que as honras; em todo caso, ainda mais que as riquezas. A diferença entre as honras e a honra parece estar relacionada ao seguinte: as honras consistem em um reconhecimento, pelos outros, de um mérito ou de alguma coisa do mesmo gênero; a honra, no reconhecimento de um mérito por si mesmo. Por honra pode-se entender qualquer tipo de julgamento sobre si por si. A honra é reflexiva, as honras, ostensivas. A honra é uma certa idéia de si e o desejo de uma certa idéia de si. Fazem parte da honra, então, o orgulho, a modéstia, a estima de si, a opinião negativa, a glória. Todavia, essa relação de si para si não exclui os outros, os outros constituem o critério ou a norma de avaliação de si por si.

De sorte que o extravio da mente é, por assim dizer, polar, porque ela erra não apenas entre um pólo individual e um pólo coletivo, mas também entre um pólo de exceção e um pólo de conformidade. O extravio não é geométrico nem aritmético, e sim proporcional. A mente é dilacerada entre a relação de si para si e a de si para os outros, mas ela é dilacerada internamente, ou melhor, intrinsecamente, pois a honra possui necessariamente uma dimensão interpessoal. Além disso, a honra não oferece nenhuma saciedade, o desejo de ser mais do que se é não tem outro meio para ser satisfeito que se conformar a uma medida comum, assim, o que se deseja ultrapassar não é tanto a si mesmo, mas a medida à qual a gente se conforma e, portanto, não é nada além da medida comum, que deseja em nós e por nós se elevar acima dela mesma. Exatamente como as riquezas, a honra dá uma alegria sem saciedade, a obtenção precede a fruição, o crescimento precede a acumulação, os louros da honra não oferecem nenhum repouso.

## 7. Decidi enfim inquirir...

Vimos que aquele que escreveu em primeira pessoa o começo do *Tratado da emenda do intelecto* – vamos chamá-lo por comodidade Espinosa –, decide-se enfim a buscar um verdadeiro bem, cuja aquisição e também descoberta – isto é, o ato mesmo de descobri-lo e, portanto, de buscá-lo – proporcionam uma alegria suprema e contínua. Ainda por comodidade, chamemos essa decisão de filosófica. Todavia, a busca desse bem não aparecia imediatamente como um bem. Portanto, para que a decisão de buscá-lo seja tomada, é preciso ainda que ela apareça como um bem, mesmo que seja um bem e que tenha toda a positividade. E, como este bem aparentemente não é imediatamente obtido, a decisão de buscá-lo não pode ser tomada a não ser que, ao mesmo tempo, se possa pensar nele, por conseguinte, que o pensamento desse bem seja igualmente, no mesmo instante, um bem totalmente positivo. A presença efetiva desse bem consiste no simples fato

Tratado da emenda do intelecto

de pensá-lo. Pensar nele não é imaginá-lo, pois imaginá-lo seria considerá-lo ausente.

Como pensar sob o modo da presença o que ainda não se encontrou? Como tornar presente o pensamento desse bem? Se a questão é tornar presente o pensamento desse bem, é preciso ainda saber o que torna esse pensamento ausente, o que impede que se possa pensá-lo, o que faz que ele pareça incerto. A causa, sabemos agora, está nos bens que se persegue comumente e que, todos, impedem que se pense em um outro. Mas, como já vimos, eles não impedem que se pense em um outro porque nos distraem, e sim porque decidem imediatamente que eles são o bem supremo e porque fazem rapidamente a troca entre o certo e o incerto. Nos prazeres, honras e riquezas, não nos decidimos *enfim*, decidimo-nos *imediatamente*, com uma tal rapidez no que concerne às honras e riquezas, que encontramos o bem na aquisição e não no uso. Logo, a hesitação de Espinosa, que traduz suas vãs tentativas, se dá entre bens comuns e um bem supremo, na medida em que eles constituem os elementos da escolha que esses bens implicam. É essa hesitação mesma que revela que a busca de um bem é sempre a busca de um verdadeiro bem e que a fixação em um ou em outro erige esse bem em bem supremo. Prazeres, honras e riquezas tornam ausente o sumo bem ao persegui-lo. De onde então poderia vir a idéia de um bem supremo senão da busca por prazeres, honras e riquezas? Mas como essa idéia poderia surgir se a busca desses três bens impede o pensamento dela? Esse pensamento não pode se dar senão sob uma condição: compreender por que a busca de bens comuns constitui um impedimento, e eles constituem um impedimento porque são tomados como meios exclusivos para atingir o bem supremo. Trata-se de uma coisa muito comum, buscar o bem supremo, o único problema é saber onde buscá-lo.

Voltemos então à decisão,

decidi enfim inquirir se existia algo que fosse o bem verdadeiro e capaz de comunicar-se, e somente pelo qual, todos os demais rejeitados, o ânimo fosse afetado; mais ainda, se existia algo que descoberto e adquirido me fizesse fruir pela eternidade a contínua e suma alegria.

Comparemos agora o que é buscado com os dados da análise de bens comumente perseguidos. Ele se assemelhará aos outros pelo fato de ser um verdadeiro bem e de rejeitar todos os outros: assemelha-se ao prazer porque frui-se dele, e dele se distingue porque essa fruição é contínua; ele se assemelha às honras e riquezas porque sua descoberta proporciona uma fruição contínua, e delas se distingue porque essa fruição é um usufruto. O verdadeiro bem buscado deve ser estável como o prazer, contínuo como a busca de honras e riquezas, mas o prazer é descontínuo e as honras e riquezas não são estáveis. Entre a estabilidade descontínua e efêmera de prazeres e a continuidade instável ou discreta de honras e riquezas, a síntese não é possível. Esses bens são, antes de tudo, exclusivos uns em relação aos outros. Não se pode fazer uma composição com eles porque eles não fazem uma composição entre si mesmos. Então, a mente decide, por repouso ou por movimento insaciáveis, que neles reside o verdadeiro bem. E a decisão, sem encontrar resistência, traduz uma distração da mente: ela se distrai de si mesma...

## 8. Via-me, com efeito, ser levado ao sumo perigo...

Muitas vezes se questionou se o início do *Tratado da emenda do intelecto* é uma narrativa autobiográfica. Já que escreveu em primeira pessoa, Espinosa teria exposto nesse tratado seu próprio itinerário? Uma questão como essa nos faz pensar na observação de Flaubert sobre Bouvard e Pécuchet ao ler romances de Walter Scott: "sem conhecer os modelos, encontravam as pinturas assemelhadas." Nada permite atribuir o "eu" ao comerciante de Amsterdã conhecido pelo nome de Baruch de Espinosa. Além disso, colocando uma tal questão e respondendo-a afirmativa ou negativamente perde-se de vista um movimento essencial do texto e, portanto, do pensamento: um movimento que já apontamos antes, a saber, aquele que toca o sujeito dos enunciados.

O texto é escrito em primeira pessoa enquanto expõe a decisão, a hesitação e o fracasso. É escrito em terceira pessoa ao expor as causas do fracasso da conciliação entre a perseguição de bens comuns e a busca do verdadeiro bem. Ora os sujeitos são esses bens, ora é a mente, ora os homens, ora um "nós". Mas, mesmo quando o texto é escrito em primeira pessoa, o "eu" não é sempre idêntico a si mesmo. A narrativa não remete somente a acontecimentos situados fora do texto. Alguns acontecimentos ocorrem dentro dele. Por exemplo, em duas retomadas, o estilo se torna indireto: "Digo que 'me decidi enfim'", ou, mais adiante, "Entretanto, não é sem razão que usei destes termos". Espinosa volta ao que escreveu, reflete sobre o que escreveu; há, porém, ainda mais: a narrativa ou a exposição da decisão, da hesitação e do fracasso está no passado, enquanto a narrativa das causas ou razões da hesitação e do fracasso está no presente. Do ponto de vista da narrativa, os efeitos (hesitação, fracasso) são anteriores às causas (busca de bens comuns). Espinosa superou por sua própria conta os obstáculos cujas causas são ainda presentes. Ele se eleva dos efeitos às causas e vem do passado para o presente. O presente é, nesse momento do texto, aquele do espírito dilacerado, distraído, extraviado na perseguição de prazeres, riquezas e honras. Portanto, o "eu" da narrativa não pode ser identificado à mente.

De certa maneira, Espinosa se distingue, sem mostrálo explicitamente, de Descartes. Com efeito, Descartes escreve o início das *Meditações metafísicas* em primeira pessoa, e o "eu" que duvida se transforma sem deixar de ser o mesmo "eu" do "eu penso", que é o "eu" do "eu existo". O "eu" cartesiano é, por assim dizer, a mente que fala e que se torna o átomo de certeza, simples e indivisível. Para Espinosa, ao contrário, o "eu" não pode ser um signo de identidade simples e indivisível, porque é a marca de uma mente decomposta. Logo, a hesitação da mente que não sabe para onde se voltar é a reflexão ou o retorno sobre si da mente distraída em sua própria distração. Espinosa se abisma na greta da mente, ele não escapa. E nada é antecipado. Pelo contrário.

O prazer gera a tristeza, as honras nos acorrentam aos outros, a riqueza nos causa grandes preocupações. Todos esses bens ocasionam efeitos que são seus contrários, eles são enganosos e inconstantes. São bens, mas incertos. Se são incertos é porque estão privados do que os tornaria certos como bens ou do que faria deles males certos. Todo mundo conhece sua inconstância, como explicar então que não deixe de persegui-los? É que, se os homens se deixam levar por todo tipo de ilusão, é-lhes difícil persistir na mesma. O conteúdo desses bens varia, mas não sua forma. Mas isso todo mundo sabe, é o fundamento mesmo de toda superstição e de toda servidão. E a decepção não basta para fazer filosofia, esta não começa por uma renúncia, nem pelo remorso ou pela consciência pesada.

A riqueza, por exemplo, causa grandes preocupações e, no entanto, sua aquisição deveria nos livrar delas. Basta renunciar à riqueza para se liberar das preocupações que ela causa? Não. Essa renúncia é uma ilusão. E, antes de tudo, uma ilusão sobre o dinheiro. O dinheiro é um meio, a renúncia a ele participa inteiramente da mesma ilusão que acumulá-lo, a ilusão de tomá-lo como um fim. Mas tomar o dinheiro como meio não é tão evidente, sobretudo quando o dinheiro toma a si mesmo como fim. E a busca

Tratado da emenda do intelecto

da riqueza aumenta necessariamente a dificuldade, inclusive para aquele que não a busca, porque essa busca não significa somente possuir mais dinheiro, mas também fazer que o dinheiro produza a riqueza, que ele se autoreproduza. E a riqueza se torna um problema. Há, pois, uma modalidade, uma forma na qual o prazer, as honras e a riqueza se oferecem como bens a serem perseguidos. A conseqüência é que essa modalidade impõe a representação desses bens. Se a busca desses bens divide e opõe os homens entre si – todo mundo os persegue e eles não se dividem –, ela não destrói, no entanto, suas relações; ela engendra, por conseguinte, relações de força e dominação.

Logo, não é a renúncia que vai atribuir certeza ao que é incerto, mas, ao contrário, é a certeza que vai produzir como efeito a renúncia, e essa certeza vai abraçar de uma só vez os bens incertos e o bem procurado. Os bens incertos são males certos, o bem procurado é um bem certo, é incerto apenas que se o obtenha. Assim, a certeza de males não basta para obter o bem. O perigo é extremo, porque só esse bem procurado poderia curar males certos, mas ao mesmo tempo os males certos impedem que se alcance esse bem procurado. Logo, a única certeza é a do desejo, o desejo de um bem estável e certo, como "um doente que sofre de uma enfermidade letal, prevendo a morte certa se não empregar um remédio, é coagido a buscá-lo, ainda que incerto, com máxima força...". Mas como se pode estar certo do que não se está certo de obter?

## 9. Por outro lado, mediante uma assídua meditação...

Por que os bens comumente perseguidos são males certos? A experiência, ou pelo menos a observação, mostra isto: eles produzem efeitos contrários ao procurado e sua busca expõe todos aos males. Isso significa que eles são males em si mesmos? Certamente não. Eles são males apenas na medida em que os desejamos como bens exclusivos ou supremos. Temos, portanto, um desejo de felicidade suprema, desejamos essa eternidade de suprema e contínua alegria. Somente quando aplicamos esse desejo aos prazeres, às riquezas e às honras nos devotamos, como bem notou Delbos[6], a amplificá-los como ilusões, a fim de que eles se igualem "ao desejo ilimitado que nos constitui". Esse desejo ilimitado é o destino de todos, todos os homens desejam e todos desejam alguma coisa que os torne felizes. Em resumo, Espinosa inverte radicalmente a perspectiva clássica da busca pela felicidade e pelo bem. Para ele, não há um Bem preexistente que nos faltaria e cuja ausência criaria nos melhores ou nos mais sábios dentre nós um desejo. Ao contrário, inicialmente é um desejo de alegria infinita na busca contínua do objeto que proporcionaria a maior felicidade. Que objeto é esse? Seria preciso que fosse "algo que descoberto e adquirido me fizesse fruir pela eternidade a contínua e suma alegria". Uma coisa que se igualasse ao desejo.

A observação dos males que os homens experimentam na busca de bens comuns não basta, entretanto, para determinar a mente a se desviar deles. A filosofia não começa apenas com a pusilanimidade, com o temor do que ninguém teme. É necessário compreender a causa desses males. Essa causa, já vimos, não diz respeito aos bens comuns tal como são em si, mas sim em como correspondem a um desejo. Se fosse apenas a observação de males experimentados pelos outros que determinasse uma mente a se desviar deles, esses outros seriam facilmente acusados de impedir essa mente de se desviar. Pois, nessa perspectiva isolada, não se vê muito bem o que privaria

---

6. V. Delbos, *Le problème moral dans la philosophie de Spinoza et dans l'histoire du spinozisme* [*O problema moral na filosofia de Espinosa e na história do espinosismo*]. Paris, Alcan, 1893 (reedição: Paris, PUPS, 1990).

Tratado da emenda do intelecto

uma mente de se voltar para um bem verdadeiro a não ser a afeição de todos ao que apenas ela concebe como males certos. Por outro lado, como as buscas de todos por prazeres, honras e riquezas constituem as ocorrências da vida, isto é, aquilo que se encontra ou pelo que se é habitualmente afetado, essa busca comum levantar-se-á sem embargo como obstáculo a "mudar o curso ordinário da vida".

Com efeito, a decisão filosófica implica que o curso ordinário da vida mude, que seja instituído um novo modo de vida. Uma coisa é imaginar um bem verdadeiro que seja uma coisa eterna e infinita nutrindo o ânimo de uma alegria pura e desprovida de tristeza, outra é pensar o bem de tal maneira que esse pensamento tenha efeitos imediatamente práticos. O itinerário de Espinosa passa insensivelmente da questão da troca que poderia trazer uma resposta tirada do espetáculo dos homens (é razoável trocar a perseguição de bens certos pela busca incerta de um bem incerto? E depois pela busca incerta de um bem certo?) à questão da força e da relação de forças que trará uma resposta tirada da experiência. Como pensar no amor por uma coisa eterna e infinita de modo que esse pensamento seja suficientemente forte para nos desviar da busca de bens comuns? Como o amor por essa coisa eterna e infinita seria mais forte que o amor pelas coisas perecíveis? Como ele seria bastante forte para alimentar o ânimo com uma alegria pura, uma alegria que não se mistura com ódio ou desprezo por aqueles cujas vidas ameaçam constantemente a permanência dessa alegria?

Mudar o curso ordinário da vida é ao mesmo tempo a condição e o efeito da decisão de buscar um verdadeiro bem. Nesse momento, apenas a idéia desse bem é certa e tudo diz respeito a ela: enquanto Espinosa pensa nisso, desvia-se da busca de prazeres, riquezas e honras. E quanto mais ele pensa, mais longamente pode pensar; quanto maior é a duração desse pensamento, mais dura o desvio. Mas se o pensamento dura é porque não é a repetição de um mesmo pensamento. O pensamento toca necessariamente uma outra coisa que não é ele mesmo, pois não está fechado sobre si mesmo. Além disso, ele não dura indefinidamente, é detido, sem dúvida, pelo pensamento de prazeres, riquezas e honras. Conseqüentemente, essa idéia de um bem verdadeiro é limitada por outras; ela é, talvez, o pensamento do infinito, mas não é infinita.

Quando Espinosa se perguntava se seria razoável trocar um bem por outro, concebia a busca do bem verdadeiro sob o modo da busca de prazeres, riquezas e honras que implicam todos, em sua busca, uma relação de troca, troca entre um ganho e uma perda, pois todos os homens conhecem os riscos a que se expõem na busca de bens comuns e, se aceitam o risco, é em virtude de um ganho possível nessa economia das paixões. Todas essas paixões são econômicas. Mas, sobretudo, conceber que se possa alcançar um bem pela troca é supor que não há nenhuma contigüidade entre os termos da troca, que seriam, então, exteriores uns em relação aos outros. Compreende-se melhor quando se aplica isso à perspectiva da renúncia e do ascetismo. A renúncia e o ascetismo não comprometem em nada a busca de prazeres, honras e riquezas; ao contrário, participam do mesmo modo de pensamento, aquele de um cálculo e de uma troca. Desse ponto de vista, não há diferença entre um anacoreta que se mortifica e alguém dominado pelo prazer.

Por conseguinte, a questão essencial não é saber se o sexo, o dinheiro, a celebridade são obstáculos e se o sacrifício, por exemplo, do sexo, do dinheiro e da celebridade trará a beatitude eterna, como se houvesse uma distância, um abismo entre ela e eles. A questão é saber como se pensa nisso, uma vez que tudo isso está ligado. Assim, Espinosa passa de um problema posto em termos de troca a um

Tratado da emenda do intelecto 37

problema posto em termos *agonísticos*. Se prazeres, riquezas e honras impedem que se pense em outra coisa, é porque são pensados como limitando outros pensamentos, porque tocam outros pensamentos. A troca ou a renúncia postulam que os pensamentos não se toquem, que eles possam ser suficientemente distintos. É por isso que Espinosa escreve:

> não é sem razão que usei destes termos: "se pudesse seriamente deliberar." Porque, ainda que mentalmente percebesse com clareza essas coisas, mesmo assim, não podia por isso depor toda a avareza, toda a libido e toda a glória.

Mesmo que Espinosa perceba tão claramente o amor como esta coisa eterna e infinita, essa clareza não basta.

A expressão *clareza de uma percepção* leva imediatamente a pensar em Descartes:

> O conhecimento sobre o qual se pode estabelecer um julgamento indubitável deve ser não apenas claro, mas também distinto.[7]

Uma percepção clara é "aquela que está presente e manifesta a um espírito atento".[8] Uma percepção distinta é "aquela que é de tal maneira precisa e diferente de todas as outras que compreende em si apenas o que aparece manifestamente a quem a considera como é necessário".[9] Para Descartes, a clareza não é suficiente: um amputado, por exemplo, pode perceber claramente uma dor em um membro que não possui, mas não a perceberá distintamente.

---

7. Descartes, *Les principes de la philosophie* [*Princípios da filosofia*], I, §45, in *Œuvres philosophiques*, t. III, Édition Alquié, Paris, Garnier, 1973, p.117.
8. Idem.
9. Idem.

E se um conhecimento pode ser claro sem ser distinto, não pode ser distinto sem ser claro. Da mesma maneira, para Espinosa a clareza não é suficiente. Mas por uma razão diferente da exposta por Descartes, pois a distinção de uma percepção só vale se essa percepção estiver relacionada com outras, ligada a uma outra.

Os males ocorrem pelo fato de se fazer que a alegria dependa da qualidade dos objetos aos quais aderimos por amor. Esses objetos podem desaparecer, sua posse ocasiona litígios se todos amamos a mesma coisa; tristeza, se perdemos o que antes possuíamos; inveja, se outros possuem o que desejamos, e ódio, se vemos naquilo que os outros possuem a causa de nossa tristeza. A solução seria suspender o desejo dessas coisas, mas despontaria o risco de suspender ao mesmo tempo todo o desejo – se fosse possível suspender todo o desejo – e, sem dúvida, essa suspensão é uma forma de inveja, à maneira desses sedutores que envelhecem e que, invejosos do que foram, não saem mais de suas casas, não por virtude meditativa, mas por medo de ter de suportar uma recusa. Espinosa não adota essa solução, pela simples razão de que ele precisaria tê-la adotado desde o princípio. Se não o fez é porque apenas a força do desejo de uma coisa infinita pode desviá-lo do desejo de bens perecíveis. Assim, o desejo responde à questão de saber como o verdadeiro bem pode estar presente. Ele está presente na medida em que não pode haver desejo sem a idéia da coisa desejada. Essa coisa infinita e eterna está, pois, presente sob a forma de uma idéia. O simples fato de pensá-la é suficiente para romper a distração da mente, para se desviar do que dilacera a mente; todavia, o simples fato de pensá-la não é suficiente de uma vez por todas, pois, a menos que essa coisa infinita e eterna fosse claramente percebida pela mente, "[eu] não podia", acrescenta Espinosa, "depor toda a avareza, toda a libido e toda a glória".

Tratado da emenda do intelecto

O círculo da distração é rompido, e é rompido do interior, da reflexão sobre o desejo, desse desejo que a *Ética* nos ensinará ser a essência do homem.[10] Mas é rompido de maneira intermitente, a clareza da idéia da coisa infinita e eterna não vale de uma vez por todas, ela não pode produzir o essencial: a continuidade. Como passar da intermitência para a continuidade?

### 10. *Aqui só direi brevemente o que inteligimos por verdadeiro bem...*

É justamente no momento em que se põe a questão da passagem da intermitência à continuidade que o texto do *Tratado da emenda do intelecto* apresenta uma ruptura. Pela primeira vez no texto, Espinosa emprega o tempo futuro. Pela primeira vez, faz referência a algo diferente do curso interno ou passado de seu itinerário. Ele remete a um alhures e a um futuro. Esse futuro já está constituído para Espinosa e, nesse momento, deixamos de estar no mesmo tempo que ele, "mostraremos no devido lugar", escreve ele duas vezes, que só compreendemos o que é uma perfeição "depois de sabermos que todas as coisas que são feitas, se fazem segundo uma ordem eterna, e segundo leis certas da Natureza". Ele mostrará no seu devido lugar que essa "alguma coisa", cuja descoberta proporciona uma eternidade de alegria suprema e contínua, é "seguramente o conhecimento da união que a mente tem com toda a Natureza". Certamente ele dirá "aqui... brevemente" o que entende por verdadeiro bem – *dicam*, "direi", e *intelligam*, "entendo, intelijo" assinalam que ele vai dar uma definição.

Com efeito, pouco adiante ele dá uma definição: tudo que pode ser um meio para alcançar uma perfeição é

---

10. Espinosa, *Ética*, III, Proposição IX, escólio.

chamado de bem verdadeiro. O que é uma perfeição? Não há quem não conceba uma natureza humana mais forte que a sua, não há quem não busque adquirir tal natureza; assim, uma perfeição é uma natureza humana mais forte que a natureza atual. O bem e o mal se dizem apenas relativamente, isto é, o bem é o que é bom, o mal é o que é mau. Uma mesma coisa pode ser boa ou má, a música, por exemplo, é boa para o melancólico, má para o atormentado, indiferente para o surdo. Bem e mal se dizem apenas em uma relação. Não há bem nem mal em si, e uma coisa não é em si boa ou má. Assim, nem os prazeres, nem as riquezas, nem a honra são bons ou maus em si, são bons ou maus apenas na relação com aqueles que afetam. Podem ser bens quando servem de meios, não meios para se alcançar o bem supremo, mas para conservar a saúde, ou para nos conformar aos usos de uma sociedade na medida em que esses usos não comprometam a busca do bem supremo. Um bem é, portanto, um meio para se alcançar uma perfeição maior. Uma perfeição, como o bem, é relativa, nada é em si mesmo perfeito ou imperfeito. Mas Espinosa nota que compreenderemos perfeitamente "depois de sabermos que todas as coisas que são feitas, se fazem segundo uma ordem eterna, e segundo leis certas da Natureza".

Eis, pois, o que ele diz brevemente; diz, não demonstra. Nós aqui compreendemos uma única coisa: a coisa buscada, esse bem verdadeiro, esse bem supremo é um conhecimento, uma ação da mente; esse conhecimento é o conhecimento da união da mente com a Natureza inteira. Esse conhecimento é, ao mesmo tempo, a passagem a uma perfeição maior, não é um conhecimento abstrato, produz efeitos. Mas nós compreenderemos isso mais tarde ou, talvez, alhures.

De certa maneira, o *Tratado da emenda do intelecto* começa por uma análise da mente, por uma decomposição, mas, longe de ser o filósofo quem a analisa, é a busca de prazeres, honras e riquezas que opera essa análise sob a forma da distração, de sorte que a síntese ou o movimento sintético de composição será, antes de qualquer coisa, o movimento de recomposição da mente; é por isso que a tradução clássica do título *de emendatione intellectus* por *reforma do entendimento* não é satisfatória, a não ser que se entenda por reforma um tipo de composição de "membros desconjuntados" da mente, uma emenda. Além do mais, e desenvolveremos isso mais adiante, Espinosa recusa o primado da análise como modo de demonstração conveniente à filosofia, assim como recusa o motivo de desqualificação da síntese segundo o qual ela seria indiferente aos preconceitos dos sentidos. Se há em Espinosa um movimento sintético, é efetivamente a partir de um dado analítico que ele se põe em movimento; a síntese é união, mas a mente que opera esse movimento reúne apenas enquanto também se reúne. E essa união tomará três formas: a dedução ininterrupta, as noções comuns e o amor intelectual de Deus. Mas o que aconteceu entre aquele passado de uma mente decomposta e dilacerada e este futuro de uma mente conhecedora da união que possui com a Natureza?

# 2

# Princípios da filosofia cartesiana

No outono de 1663 é publicado, em Amsterdã, *Renati des Cartes Principiorum Philosophiae Pars I & II, more geometrico demonstratae Accesserunt ejusdem Cogitata Metaphysica, In quibus difficiliores, quaetam in partes Metaphysices generali, quàm speciali occurunt, quaestiones breviter explicantur*. Isto é, *Partes I & II dos Princípios de filosofia de René Descartes, demonstrados à maneira geométrica, aos quais se acrescentam os Pensamentos metafísicos, nos quais as questões mais difíceis que ocorrem tanto na parte geral como na parte especial da metafísica são brevemente explicadas*. Esse livro, o único publicado em vida por Espinosa e com seu nome, tem uma aparência heteróclita. Com efeito, ele é composto:

1º) de um prefácio de Lodewijk Meijer, amigo de Espinosa;

2º) de um prolegômeno que resume as *Meditações metafísicas* de Descartes;

3º) de uma primeira parte que, inicialmente, recupera o resumo geométrico das *Meditações metafísicas* que Descartes havia composto em resposta às objeções de Mersenne[1],

---

1. Marin Mersenne (1588-1648), abade, filósofo e sábio. Tradutor de Galileu e de matemáticos gregos, manteve relações, notadamente, com Descartes, Pascal, Fermat, e deixou uma importante obra científica.

e, em seguida, ordena à maneira dos geômetras certos parágrafos da primeira parte ("os princípios do conhecimento humano") dos *Princípios de filosofia* de Descartes;

4º) de uma segunda parte composta de uma ordenação geométrica da segunda parte ("dos princípios das coisas materiais") dos *Princípios da filosofia* de Descartes;

5º) de uma terceira parte inacabada e composta de uma introdução geral à terceira parte ("do mundo visível") dos *Princípios da filosofia* de Descartes, bem como de uma ordenação geométrica de alguns parágrafos da terceira parte;

6º) de um apêndice intitulado *Pensamentos metafísicos* que se divide em duas partes: a primeira consagrada às questões que se encontram na metafísica geral, a que trata do ser e de suas afecções; a segunda consagrada às questões que se encontram na metafísica especial, aquela que trata de Deus, de seus atributos e da mente humana.

Os *Pensamentos metafísicos* foram escritos em 1660; a segunda parte dos *Princípios da filosofia cartesiana* foi ditado a um jovem chamado Casearius durante o inverno de 1662-1663; o prolegômeno e a primeira parte foram escritos nas duas semanas anteriores à publicação, em 1663.

No fim de 1663 Espinosa aluga um quarto em Voorburg, perto de Haia, em uma casa próxima à dos Huyghens[2], e exercia a profissão de polidor de lentes. Christiaan Huyghens, que havia inventado um torno para polir vidro, achava espantoso que Espinosa ainda trabalhasse com as mãos:

> Lembro-me sempre das pequenas lentes que o judeu de Voorburg tinha em seus microscópios e que eram espantosamente bem polidas, mas não em toda sua superfície.

---

2. Constantijn Huyghens (1596-1687), escritor, e seu filho Christiaan (1629-1695), físico, matemático e astrônomo, membro da Academia de Ciências de Paris, conhecido por seus trabalhos sobre geometria especulativa, ótica, a probabilidade, pela descoberta do primeiro satélite de Saturno e pela invenção do primeiro relógio de pêndulo.

## 1. *Ele era bastante moderado e bastante econômico...*

As primeiras biografias de Espinosa[3] que conhecemos, particularmente a de Colerus ou a de Lucas, publicadas após a morte do filósofo, pintam um retrato legendário de Espinosa, cardando uma maneira de viver simples, eqüânime e independente. Quando se sabe que, nesse mesmo momento, sua obra e sua pessoa eram entregues à crítica mais violenta, pode-se perguntar se essas pequenas biografias não foram os primeiros comentários benevolentes da filosofia de Espinosa, em outras palavras, se uma maneira de ser espinosana não seria simplesmente narrar a vida de Espinosa. Mais que uma lenda, essas modestas biografias testemunham uma profunda compreensão de sua filosofia. O modo de vida de um filósofo é um critério duvidoso de coerência da obra ("Vamos ver se ele vive mesmo segundo seus princípios!"); no caso de Espinosa, o modo de vida foi uma arma defensiva e ofensiva, seu heroísmo. A vida de Espinosa colocava uma grande dificuldade para as autoridades religiosas que o condenavam e o atormentavam com sua perseguição. A acusação de ateísmo, de impostura, de pensador repugnante feria constantemente Espinosa e feriu-o mesmo depois de sua morte. Mas essa acusação esbarrava em um ponto: sua vida, inatacável do ponto de vista de seus inimigos. A religião tem necessidade de um culto, mas também da manifestação de um modo de vida que testemunhe a crença e a submissão. E, por esse lado, a vida de Espinosa foi impecável. Saber se uma vida é conforme à obra é uma falsa questão: em situações de perigo extremo, a perseguição

---

3. Essas biografias se encontram no Apêndice das *Œuvres complètes* de Espinosa editadas por La Pléiade (Paris, 1954). Ver igualmente K. O. Meinsma, *Spinoza et son cercle* [*Espinosa e seu círculo*], Paris, Vrin, 1983.

pode determinar uma maneira de escrever própria para expor pensamentos mascarados, não acontecendo o mesmo com a maneira de viver.

Seu biógrafo mais digno de fé, o médico Lucas, insiste no fato de que ele não amava o luxo nem o dinheiro, vivia tranqüilo e retirado, e "tinha uma tendência tão grande a nada fazer para ser observado ou admirado pelo povo que, no momento de sua morte, recomendou que não se colocasse seu nome em sua *Ética*, dizendo que essas afetações eram indignas de um filósofo". Ele informa também que Espinosa "possuía uma qualidade tão estimável quanto rara em um filósofo, ele era extremamente limpo". Certamente, reconhece Lucas, isso tudo não é brilhante, mas "não há nada em que o gênio apareça mais que nessas pequenas coisas".

Espinosa nasceu em 24 de novembro de 1632 em Amsterdã, seu pai era comerciante e pertencia à comunidade marrana[4] ou ex-marrana. Sua família era de origem espanhola e tivera que fugir da Espanha por causa da Inquisição em 1492 para se instalar em Portugal e lá permanecer até sua ida, primeiro para Nantes, perto do fim do século XVI, e depois para Amsterdã em 1600. Os Espinosas "moravam às margens do Burgwal, em uma casa bastante bonita, perto da sinagoga portuguesa".

De 1639 a 1650, Espinosa aprende hebraico na escola rabínica *Etz Aïm*; entre 1645 e 1650 – o que aos olhos de especialistas é um tempo pequeno – participa do grupo de estudos talmúdicos, conhecido por sua oposição à exegese tradicional, da *yeschiva Keter Torah*, dirigido pelo ortodoxo Saul Lévi Morteira, e se inicia na Cabala com Manasseh Ben Israël, autor do *Esperanza de Israël*, que

---

4. De *marrano* (porco), nome derrisório dado aos judeus aparentemente convertidos ao catolicismo e secretamente fiéis à Lei de Moisés.

Princípios da filosofia cartesiana | 47

será encontrado em sua biblioteca.[5] O acontecimento mais importante desse período para ele foi, sem dúvida, ter assistido, em abril de 1647, à flagelação pública de Uriel da Costa[6], que se suicidou após a execução da pena.

---

5. Cf. Geneviève Brykman, *La judéité de Spinoza* [*O judaísmo de Espinosa*], Paris, Vrin, 1972, p. 22-7. *Esperanza de Israël* interpreta a suposta descoberta, na América do Sul, de dez tribos perdidas de Israel e a eventualidade de um retorno dos judeus à Inglaterra de Cromwell de uma perspectiva messiânica: *Kezeh ha-Arets* significa "fim da terra" em hebraico, e é também o nome medieval da Inglaterra. O retorno de judeus à Inglaterra poria fim à sua dispersão, significaria o fim próximo do exílio... Manasseh Ben Israël (1604-1657), amigo do jurista Grotius e de Rembrandt, tornou-se apreciado por círculos cristãos com a publicação de *Conciliador* (1632), estudo no qual se dedicava a conciliar passagens aparentemente discordantes da Bíblia. Ele deixou muitas obras de erudição teológica redigidas em latim (notadamente *De Creatione* [*Da criação*], *De Termino Vitae* [*Do fim da vida*], *De Resurrectione Mortuorum* [*Da ressurreição dos mortos*] e *De Fragilitate Humana* [*Da fragilidade humana*]) destinadas ao mundo não judeu (*Enc. Jud*).

6. Uriel da Costa (1585-1640), filósofo e livre-pensador. Nascido em uma família marrana, de pai católico devoto e mãe secretamente judia, estudou na Universidade de Coimbra e entrou para o serviço eclesiástico no pequeno escalão. Em sua autobiografia diz ter-se voltado para o judaísmo após uma longa leitura da Bíblia. Tendo convertido sua família ao "seu" judaísmo, foge da Inquisição, instala-se em Amsterdã para praticar livremente sua religião e descobre que seu judaísmo difere sensivelmente do judaísmo rabínico. Ele critica a rigidez e o ritualismo dos "Fariseus de Amsterdã" e discute a doutrina da imortalidade da alma que não lhe parece ser explícita na Bíblia. Em 1624, da Costa publica *Exame de tradições farisaicas confrontadas com a Lei escrita*: é excomungado, forçado à retratação pública e tem seu livro queimado. Foge, busca se reconciliar com a comunidade judaica em 1633 prometendo "tornar-se um macaco entre os macacos", junta-se novamente à Sinagoga, mas bem depressa recomeça a duvidar, perguntando-se se a lei de Moisés é realmente de origem divina e se as religiões não seriam invenções humanas. Abandona os ritos judaicos, convence dois cristãos a não se converter ao judaísmo e é excomungado pela segunda vez. Em 1640, une-se novamente à Sinagoga, renuncia publicamente a suas opiniões, recebe 39 chicotadas e se encolhe para que a congregação possa simbolicamente pisar seus pés. Fortemente chocado, redige algumas páginas de sua autobiografia (*Exemplar humana vitae* [*Exemplo de vida humana*]) e dá fim à sua vida. Os românticos farão dele a vítima por excelência do obscurantismo e da intolerância religiosa (*Enc. Jud*.).

Em 1652, ingressa na escola latina de Van den Enden, médico que considera Lucrécio seu patrono, onde aprende latim e holandês. Lá conhece protestantes liberais, os Colegiantes, faz teatro e se apaixona pela filha de Van den Enden que, aparentemente, prefere um outro a Espinosa.

Em 27 de julho de 1656, é excomungado da comunidade judaica. Não se sabe bem por que o *herem* [excomunhão] foi proferido contra ele. Espinosa é acusado de heresias horríveis, de atos monstruosos, e é expulso do povo de Israel. As autoridades haviam tentado uma conciliação propondo-lhe dinheiro, mas ele recusou. Seria por causa de suas companhias? De suas leituras? De suas ações? Não se sabe nada ao certo.[7] O que quer que seja, alguns conjecturam que o gueto de Amsterdã sendo autônomo, Amsterdã sendo a Jerusalém da diáspora, era preciso sacrificar Espinosa pela segurança da comunidade. A partir de então, Espinosa insiste em seus estudos de filosofia e aprende o ofício de polidor de lentes de precisão. Freqüenta os "cristãos sem igreja", os Colegiantes, e se aproxima dos irmãos De Witt, homens de Estado republicanos.[8] Entretanto, sua

---

7. A sentença, assinada por Saul Lévi Morteira, entre outros, estipula: "Os chefes do conselho levam a conhecimento [público] que, conhecendo de longa data as opiniões e os atos perversos de Baruch de Espinosa, esforçaram-se, por meios diversos, para desviá-lo de seu mau caminho. Não encontrando nenhum remédio, mas ao contrário recebendo a cada dia mais informações sobre as abomináveis heresias que ele pratica ou ensina, e sobre os atos monstruosos que comete, sabendo disso por várias testemunhas dignas de fé, que depuseram e deram testemunho de tudo isso na presença do citado Espinosa, ele foi condenado. Tendo, tudo isso, sido examinado na presença dos rabinos, o conselho decidiu, de acordo com a opinião deles, que o citado Espinosa deve ser excomungado e extraditado da Nação de Israel" (*Enc. Jud.*).

8. Cornelis De Witt (1623-1672), inspetor da marinha holandesa, herói da segunda guerra contra a Inglaterra (1664-1666), e Johan De Witt, grande pensionário holandês, reconstrutor da marinha de seu país, artífice da paz com a Inglaterra (1654) e promotor do Edito perpétuo que abolia o *stathouderat* (função equivalente à de rei). Desejava prevenir, internamente,

Princípios da filosofia cartesiana 49

reputação, de expulso da comunidade judaica, não produzirá nas autoridades religiosas, calvinistas em particular, um julgamento favorável. As religiões sempre se reconciliam pelas costas daqueles que uma delas baniu. Espinosa viveu, por conta disso, uma dolorosa experiência.

É em torno da vida cotidiana de Espinosa, da maneira como usava do dinheiro, da glória e dos prazeres que giram as primeiras biografias de Espinosa. Sobre os prazeres não sabemos grande coisa: um pouco de tabaco, um pouco de cerveja, compota de rosas, um combate entre as moscas e as aranhas. Usava o dinheiro como um simples meio, isto é, sem dívidas nem economia em uma Holanda atrapalhada com suas riquezas. Ele recusou uma fortuna que não merecia; Espinosa parecia querer que o dinheiro não fosse nada além do preço de seu trabalho. Se tivesse guardado um pouco de dinheiro, não teria se servido dele nem para ensinar filosofia livremente. Deixou, ao morrer, apenas uma quantia que liberou seus amigos dos gastos com o funeral.

E as honras? E a glória? É aqui que as coisas se tornam mais complexas e mais essenciais. Espinosa conheceu muito cedo uma forma particular de glória, o banimento da comunidade judaica, a excomunhão, a infâmia. Ele teve muito cedo a experiência de que a glória, diferente de outros prazeres ou riquezas, é um bem ou um mal que se

---

o despotismo, lutando contra as ambições de Guilherme de Orange-Nassau, o pretendente ao trono, e, externamente, a guerra. Inspirador da Tríplice Aliança (Holanda, Inglaterra, Suécia) de 1668, que preparou a paz de Aix-la-Chapelle e obrigou Luís XIV a abandonar o Franco-Condado, inspirador da aliança com o Império Austro-Húngaro e a Espanha contra a França, ele não pôde impedir a conquista fulminante (três meses) da Holanda por Luís XIV (1672). Os orangistas aproveitaram a situação para anular o Edito perpétuo e confiar o *stathouderat* a Guilherme de Orange-Nassau. Os irmãos De Witt se negaram a assinar o decreto de anulação e assassinos pagos pelo orangistas os massacraram por ocasião de um motim.

pode obter sem que se tenha procurado por ele. Donde seu emblema, "*Caute*", "seja prudente", "esteja atento". A glória de Espinosa participa de sua filosofia, mesmo se alhures ele fosse muito apreciado como polidor de lentes de óculos. Antes mesmo de publicar algo, Espinosa já era célebre. O que pode exprimir a complexa relação de Espinosa com a glória é a maneira como comunicava suas idéias e, também, a prática de publicação de seus escritos.

Em vida, Espinosa publicou apenas um livro com seu nome, os *Princípios da filosofia cartesiana*[9] seguidos dos *Pensamentos metafísicos*. Publicou um livro sem nome de autor, o *Tratado teológico-político*. Tentou publicar a *Ética*, depois desistiu. E logo depois de sua morte, uma morte súbita em 21 de fevereiro de 1677, tudo ou quase tudo o que havia escrito foi publicado graças aos cuidados de seus amigos.

## 2. *Não deves invejar Casearius...*

O único livro, portanto, que Espinosa publicou e assinou com seu próprio nome, composto de um comentário sobre Descartes seguido de um apêndice intitulado *Pensamentos metafísicos*, foi editado em 1663.

As circunstâncias da composição e da publicação desse livro de aparência heteróclita parecem ser as seguintes: Espinosa se afeiçoou a um jovem, Casearius[10], que queria a todo custo fazer filosofia; e Espinosa, já fiel à futura fórmula do *Tratado teológico-político*, "é lendo os filósofos que nos tornamos filósofos", enquanto ainda estava em Rinjsburg dá a Casearius um curso que se pretende um comentário da filosofia de Descartes, em particular da

---

9. Para evitar a confusão com os *Princípios da filosofia* de Descartes, chamaremos a obra de Espinosa de *Princípios da filosofia cartesiana*.

10. Sobre Casearius, ver K. O. Meinsma, op. cit., em particular p. 229-34.

segunda parte dos *Princípios da filosofia* de Descartes. Esse curso incita o ciúme de alguns amigos de Espinosa que, então, espanta a tristeza deles.

> Não deves invejar Casearius [...] nenhuma das minhas opiniões deve ser-lhe comunicada antes que ele alcance certa maturidade.[11]

Espinosa ensina outra coisa, não sua filosofia, e publicará, a pedido de seus amigos, outra coisa, não sua filosofia. Pode-se desde já concluir que, em 1662-1663, Espinosa tinha o sentimento de possuir uma filosofia, um pensamento, bem diferente do de Descartes, em particular. Além disso, tinha também o sentimento de que sua filosofia não era própria para satisfazer o desejo de um jovem "mais interessado pela novidade do que pela verdade". Todavia, Casearius escreveu, a partir do curso de um certo grande filósofo, sua leitura de um outro grande filósofo: uma filosofia em estilo indireto, portanto, uma filosofia com duas vozes.

Houve, pois, um ensinamento oral, um curso e, desse ensinamento, Espinosa fez um livro. As razões pelas quais Espinosa decidiu, em 1663, fazer esse livro são as seguintes:

> Graças a este escrito, encontrar-se-ão, talvez, algumas pessoas de conceito elevado em minha pátria, que desejem ver as outras coisas que escrevi, nas quais falo em meu nome; e farão, talvez, com que eu possa publicá-las sem riscos.

Do que Espinosa não está seguro, porque acrescenta logo a seguir:

---

11. Carta 9 a Simon de Vries, in Espinosa, *Œuvres* 4, p. 149. [Ed. bras.: *Espinosa*, São Paulo, Abril Cultural, 1979. (Os pensadores)]

> Se isso acontecesse, sem dúvida não tardaria nada em publicar alguma coisa; se não, conservaria o silêncio em lugar de impor minhas idéias a meus concidadãos e de torná-los hostis a mim.[12]

Espinosa publica esse livro, portanto, para suscitar a benevolência das autoridades, para incitar nelas o desejo de ver suas obras publicadas. Há uma outra razão que se pode conjecturar a partir de seus biógrafos. Amigos de Espinosa teriam enraivecido cartesianos holandeses ao dizer que Descartes não era o único filósofo possível. Assim, seria para dar provas aos cartesianos e para proteger seus amigos que Espinosa teria respondido à insistência das pessoas próximas publicando esse livro.

Estamos no coração da filosofia de Espinosa. O estatuto dessa obra é, antes mesmo que se tenha começado a leitura, bastante complexo; complexidade aumentada pela relação que esse texto mantém com a filosofia de Descartes. Pois Espinosa tem duas exigências dificilmente conciliáveis: de um lado, a exigência de que nenhuma crítica ou julgamento desfavorável a Descartes transpareça, mas, de outro, a exigência de que se perceba que Espinosa concebe as coisas de modo diferente do daquele filósofo. Espinosa exige que seus leitores compreendam que ele não aprova Descartes, mas sem desaprová-lo. Para isso, confia a seu amigo Lodewijk Meijer o cuidado de redigir um prefácio, no qual, entre outras coisas, "advertiria os leitores por meio de um ou dois exemplos que, longe de reconhecer tudo o que está escrito no tratado, eu seria de uma opinião completamente oposta em numerosos pontos".[13] É o que faz Lodewijk Meijer.

---

12. Carta 13 a Oldenburg, julho de 1663, in Espinosa, *Œuvres* 4, p. 162. [Edição de referência: *Opera* IV, Herausgegeben von C. Gebhardt, Heidelberg, Carl Winters Universität Buchhandlung, 1925, p. 64.]

13. Idem, p. 163. *Opera* IV, p. 63.

Princípios da filosofia cartesiana

A extrema fidelidade de Espinosa a Descartes é, assim, um signo de sua diferença; em outras palavras, pode-se sempre repetir a letra de um filósofo, pois essa repetição será, por si mesma, uma diferença. Mais que isso, só aquele que possui uma filosofia pode repetir outro filósofo. Por essa razão, não há lugar para buscar nos *Princípios da filosofia cartesiana* uma dupla linguagem de Espinosa. Na relação de Espinosa com Descartes, sua diferença é ao mesmo tempo invisível e não dissimulada. Antes mesmo de abrir essa obra, o prefácio de Lodewijk Meijer e as cartas consagradas à sua publicação já são expressivas da filosofia de Espinosa. Basta dizer que para Espinosa a filosofia não começa na primeira página escrita, mas atravessa as condições de publicação. Se ele distingue a palavra dos atos, sabe que escrever é um ato, publicar é outro, e falar ou se calar um outro ainda. E assim, quando reclama, em outros lugares, uma liberdade de falar concedendo que a liberdade de agir seja limitada, dirige às autoridades a preocupação de saber até onde pode se estender a liberdade dos "atos de fala".

### 3. *Desejei muitas vezes que um homem versado tanto na ordem analítica quanto na sintética...*

Comecemos, então, pelo prefácio de Lodewijk Meijer. Lodewijk Meijer é médico e amigo de Espinosa. Sem amigos seria duvidoso que Espinosa pudesse fazer filosofia e ainda mais duvidoso que sua filosofia chegasse até nós. Amigo de Espinosa significa espinosano, e ser espinosano implica uma grande coragem. É preciso louvar estes grandes homens[14]: Lodewijk Meijer, o general Simon de Vries, Pieter Balling, o inquieto, Bouwmeester, o melancólico, Jarig Jelles, o especieiro de Amsterdã que abandonou seu

---

14. Sobre todas as pessoas próximas de Espinosa, ver K. O. Meinsma, op. cit.

comércio para fazer filosofia e destinou fundos para a edição dos *Princípios*, o editor Rieuwertsz...

Esse prefácio foi exigido por Espinosa, era uma condição, sem ele nada de publicação. É, portanto, parte integrante do livro publicado. Espinosa releu e corrigiu o prefácio. O prefácio de Lodewijk Meijer presta, em primeiro lugar, homenagem a Descartes por ter estabelecido, graças à ordem e ao método matemáticos, os fundamentos inabaláveis da filosofia. Mas, logo depois, considera deplorável que os partidários de Descartes, como imitadores servis, tenham esvaziado o método cartesiano em sua substância ao segui-lo cegamente e, por assim dizer, de memória. E, para prestar ajuda aos cartesianos, isto é, para ajudar os cartesianos a se tornarem cartesianos, Lodewijk Meijer desejou muitas vezes que um homem pudesse "pôr mãos à obra [e] reduzir à ordem sintética o que Descartes escreveu em ordem analítica e demonstrar isso à maneira da geometria ordinária". Lodewijk Meijer se sabe incapaz de executar bem essa tarefa, mas, por sorte, ouve dizer que Espinosa havia ditado a um de seus alunos a segunda parte dos *Princípios* e um fragmento da terceira parte sob essa forma, isto é, à maneira geométrica, *more geometrico*. Espinosa é, pois, esse homem desejado que prestará ajuda aos cartesianos.

Não era fácil ser cartesiano na Holanda do século XVII; não se tinha nenhum, ou muito pouco, acesso à universidade, a comunicação das idéias cartesianas era fortemente regulamentada – para não dizer censurada –, os seguidores de Aristóteles e da escolástica eram dominantes, e, no entanto, uma intensa atividade editorial de inspiração cartesiana se desenvolvia, em particular comentários ou paráfrases de suas obras. O cartesianismo era também uma aposta a um só tempo filosófica e política, a aposta da liberdade de filosofar, e a filosofia de Descartes encarnava essa aposta. Mas, se encarnava a aposta, não encarnava necessariamente a liberdade. Alguns cartesianos estavam preparados para todo tipo de compromisso, de alianças as mais vergonhosas, como o futuro mostraria. A filosofia de Descartes estava também no coração de um problema: ela representava a um só tempo a aposta da liberdade de filosofar e o instrumento de submissão da filosofia às autoridades religiosas e políticas. Apresentar a filosofia de Descartes era, necessariamente, se confrontar com esse problema.

A expressão do desejo de Lodewijk Meijer traz uma dificuldade. Dispor na ordem sintética o que Descartes havia disposto na ordem analítica, e demonstrar isso à maneira dos geômetras, era algo que o próprio Descartes já havia feito nas *Segundas respostas às objeções*, e Lodewijk Meijer sabe disso, tanto que cita no prefácio uma passagem do texto cartesiano. Além do mais, se Lodewijk Meijer se felicita por descobrir que Espinosa dispôs à maneira dos geômetras uma parte dos *Princípios da filosofia* de Descartes, seria óbvio pensar que os *Princípios da filosofia* de Descartes estavam expostos na ordem sintética. Conseqüentemente, ou bem Lodewijk Meijer se engana (e Espinosa, ao reler o prefácio, deixa passar esse erro), ou bem Espinosa dispôs na ordem sintética o que Descartes havia colocado na ordem sintética, ou bem Descartes, a despeito do que havia dito, não dispôs na ordem sintética o que havia apresentado na ordem analítica, ou bem... Mas o que designam a ordem analítica, a ordem sintética e a demonstração à maneira dos geômetras?

### 4. Na maneira de escrever dos geômetras distingo duas coisas...

Descartes transformou profundamente a maneira de fazer filosofia e, conseqüentemente, de escrevê-la. E, aliás, transformou profundamente a geometria. Há uma ligação entre essas duas mudanças ou revoluções. Descartes distingue, na maneira de escrever dos geômetras[15], a ordem e o modo de demonstrar. Se a ordem é aquela que ele seguiu nas *Meditações*, "adiantar todas as coisas das quais depende a proposição que se busca, antes de concluir qualquer coisa", sua maneira de demonstrar não é a geralmente seguida pelos geômetras. É esta sua famosa distinção entre a maneira sintética e a maneira analítica. A escolha operada por Descartes, pela maneira analítica, não encontra justificação em seu mérito quanto à descoberta da verdade – uma vez que a maneira sintética supõe que a verdade foi descoberta –, mas no poder de persuasão ligado a ela.

A maneira analítica apresenta, entretanto, dois defeitos: ela carece de força de convencimento, não força a atenção do leitor e coloca tudo, por assim dizer, no mesmo plano, não oferece relevos, não discrimina anteriormente o detalhe do essencial na cadeia de demonstrações. Ainda mais, não mede a clareza dos enunciados pela quantidade de palavras. Apela à luz natural, ao que pode iluminar em seu curso obscuro. Se há coisas bastante claras por si mesmas, a maneira analítica supõe, entretanto, entendimentos que possam refletir essa claridade. Ela é, então, sem privilégios, sem segredos. É a escritura daquilo que há de mais bem repartido, a maneira daquele que jamais presumiu que seu espírito fosse em qualquer coisa mais perfeito que os espíritos comuns, mesmo que ele saiba que seu livro não será compreendido por todos.

A oposição entre a maneira analítica e a maneira sintética remete àquela entre um conhecimento *ex principiis* e um conhecimento *ex datis*? Àquela entre uma apresentação filosófica e uma apresentação histórica? É isso que

---

15. No século XVII, o termo "geômetra" é freqüentemente sinônimo de "matemático". Cf. Michel Paty, *D'Alembert*, Paris, Les Belles Lettres, 1998, [ed. bras.: *D'Alembert*, São Paulo, Estação Liberdade, em preparação].

Descartes parece sugerir. A verdadeira oposição entre a análise e a síntese não diz respeito ao fato de que, como deduziria uma interpretação apressada, uma vai dos efeitos às causas e a outra das causas aos efeitos. Diz respeito ao fato de que uma ensina o método pelo qual algo é inventado ou encontrado e a outra não. Ainda que a síntese corrija, em face do leitor, os defeitos da análise; ainda que sua estrutura dê relevo à cadeia de conseqüências e deixe, naquilo que segue, os traços e vestígios do que o precedeu; ainda que ela "arranque o consentimento do leitor"; ainda que seja dotada, uma vez que se trata aqui de obstinação e teimosia, de uma vontade imperiosa, de uma autoridade indiscutível, ela não satisfaz, todavia, o desejo de aprender. Ainda mais, a síntese conserva a ilusão de se ter aprendido, por ela os leitores "têm o costume de imaginar que aprenderam mais do que efetivamente aprenderam".[16] Falta à síntese, portanto, o essencial: a experiência mesma da certeza, sem a qual, em Descartes, nenhuma filosofia pode começar.

Toda a empresa das *Meditações* consiste, com efeito, em revogar, em seu ponto de partida, os pressupostos objetivos e em encontrar a determinação da verdade como certeza subjetiva, o *cogito*. Ora, a síntese apresenta essas verdades, aí compreendida essa verdade primeira, como já constituídas, excluindo a possibilidade, para os leitores, de construção das verdades. E é isso que a desqualifica. A síntese não chama à experiência da Meditação. Eis por que ela não pode convir à metafísica. Porque, diferentemente de pressupostos da geometria, os pressupostos da metafísica não podem ser dados fora do espírito, por

---

16. Descartes, "Secondes réponses", in *Méditations métaphysiques*, Paris, Garnier-Flammarion, 1979, p. 254. [Ed. bras.: "Respostas às segundas objeções", in *Descartes*, São Paulo, Abril Cultural, 1973, p. 176-8. (Os pensadores)]

exemplo, sob o aspecto de pressupostos sensíveis ou convindo com os sentidos. O ponto de partida em filosofia deve, ao contrário, ensinar-nos a nos libertar não apenas dos preconceitos dos sentidos, mas também do costume desses preconceitos. É por isso que esse ponto de partida reclama um exercício que Descartes ilustra no fim da primeira meditação. Não são tanto as meditações em si mesmas que importam, mas sua reiteração, de modo que elas não possam ser esquecidas, de modo que nós nos desacostumemos de nossos antigos pensamentos e da maneira de os obter.

## 5. *Para que de uma só vez, e como de um só relance...*

É nas célebres respostas às objeções de Mersenne (comumente chamadas de segundas objeções) que Descartes expõe as razões pelas quais a análise foi julgada preferível à síntese na composição das *Meditações metafísicas*. Ao final de suas objeções, Mersenne havia pedido a Descartes, "para que a leitura de vossas mui sutis, e, como estimamos, mui verdadeiras *Meditações*, seja proveitosa a todo mundo", que adiantasse "algumas definições, postulados e axiomas", depois que concluísse "o todo, segundo o método dos geômetras", no qual Descartes é "tão bem versado", de tal maneira que "de uma só vez, e como de um só relance", os leitores "possam encontrar com o que se satisfazer".[17] Mersenne faz uma advertência a Descartes de que as *Meditações* exigem da parte do leitor um esforço dirigido aos detalhes e correm o risco, assim, por causa de sua sutileza e do labirinto que traçam, de privar o espírito do leitor do essencial, isto é, de

---

17. "Secondes objections" in Descartes, *Méditations métaphysiques*, loc. cit., p. 225-31. [Ed. bras.: "Segundas objeções", in *Descartes*, São Paulo, Abril Cultural, 1973, p. 159. (Os pensadores)]

privá-lo do preenchimento pelo "conhecimento da divindade". Essa advertência e o pedido que a acompanha, de escrever as *Meditações* segundo o método dos geômetras, constituem uma objeção? Com efeito, poder-se-ia dizer, sob o pretexto de que Descartes teria tomado o pedido como um conselho, que não se trata de uma objeção e que, assim, seria indiferente a Descartes escrever a mesma coisa no modo da análise ou no da síntese. Esse pedido de Mersenne não é uma maneira de constranger Descartes a reconhecer a bem fundada objeção que ele traz consigo? Quais são as objeções de Mersenne?

A primeira objeção consiste em perguntar como se pode estar certo de ser uma coisa que pensa sem que se saiba o que é uma coisa que pensa. Pois, admitamos que o pensamento seja um corpo ou um efeito corporal (movimento corporal ou corpo movido), a dúvida, então, não será tão radical quanto aquela que revogue "as idéias de todos os corpos" salvo, talvez, a de um corpo particular, um corpo que pode pensar. Não é preciso estar seguro de que o pensamento é realmente distinto do corpo para que a afirmação "eu sou uma coisa pensante" seja também uma afirmação certa?

A segunda objeção trata da prova da existência de Deus pelos efeitos. Como, pelo fato de possuir a idéia de Deus e de saber que não a produzi, posso concluir a existência de Deus? Afinal há muitas razões pelas quais posso produzir essa idéia: acrescentando "a qualquer grau de ser que percebo existir em mim outro grau qualquer, e, de todos os graus capazes de serem adicionados, constituir a idéia de um ser perfeito". Se posso formar as idéias de um ser perfeito mesmo que eu não possua as perfeições do ser de que formei a idéia, essa idéia, supondo que não a produzi, seria portanto um efeito, e um efeito não pode ter nenhum grau de realidade ou de perfeição que não estivesse anteriormente na causa.

Em outras palavras, o problema não é tanto que eu possa formar a idéia de um ser perfeito, mas a idéia perfeita de um ser perfeito. Exemplos de causalidade eficiente mostram que pode haver realidades ou perfeições nos efeitos que não estavam contidas na causa (a geração espontânea). De fato, não é o ponto essencial. Pois essa idéia é apenas um ser de razão e não pode, enquanto tal, possuir mais perfeição que o espírito que a concebe. É, portanto, impossível que um espírito imperfeito possua a idéia de um ser perfeito. Não há nada de real em sua perfeição. A objeção inteira se resume nisso: "cumpre provar mais claramente que essa idéia não poderia estar em vós, se não houvesse nenhum soberano ser", portanto, é preciso provar pela causa. Nada pode indicar que essa idéia possui verdadeiramente Deus como causa. É preciso primeiramente demonstrar que Deus existe e que ele é causa dessa idéia, demonstrar antes de tudo que Deus é causa e que só Deus pode ser causa dessa idéia. Oldenburg, nas primeiras cartas que enviou a Espinosa, retomará essas duas objeções para dirigi-las a Espinosa.[18]

Conseqüentemente, o exame dessas duas objeções mostra que elas são de mesma natureza, ambas visam à ordem das *Meditações*: o fato de a certeza do *cogito* vir antes da distinção substancial, a prova pelos efeitos, antes da prova ontológica. O apelo de Mersenne pela síntese é, pois, um apelo para que se coloque as *Meditações* na boa ordem.

Descartes responde a Mersenne que já se encarregou de seguir o método dos geômetras. Em outros termos, censura Mersenne por reduzir o método dos geômetras à exposição sintética de tipo euclidiano e por não ter visto em que sentido ele já havia "disposto suas razões" segundo esse método. E se Descartes pode satisfazer o desejo de Mersenne "*posteriormente*", é porque já tratou de seguir

---

18. Carta III, de 27 de setembro de 1661.

*Princípios da filosofia cartesiana*                                                    **61**

"*precedentemente*" esse método. É a distinção entre a ordem e a maneira de demonstrar que permite a Descartes fazer da síntese uma espécie cujo gênero é o método geométrico. A ordem mesma não consiste em uma série de coisas que se distinguiriam pelo simples fato de uma preceder a outra. Há as "coisas propostas primeiro [que] devem ser conhecidas sem a ajuda das seguintes" e as seguintes, que "devem ser dispostas de tal forma que sejam demonstradas só pelas coisas que as precedem". O que distingue "as primeiras" das "seguintes" é o fato de que as primeiras são "propostas" e as seguintes "dispostas", as primeiras são (ou devem ser) conhecidas, as seguintes são (ou devem ser) demonstradas. Essas coisas primeiras não são as primeiras palavras, são as primeiras coisas conhecidas, isto é, "inventadas". A dúvida, por exemplo, não é a primeira coisa conhecida, pois pode se dar que eu duvide de minha dúvida ou que me engane a respeito de minha dúvida; o *cogito*, em contrapartida, é a primeira coisa conhecida.

> Dispostas de tal forma que sejam demonstradas só pelas coisas que as precedem.

As coisas que precedem demonstram aquelas que se seguem e sua disposição é determinada pela ordem implicada pela demonstração. A ordem possui dois aspectos: aquele que ordena as coisas propostas e as coisas dispostas, e aquele que demonstra as coisas dispostas a partir das coisas propostas. Se, por exemplo, a distinção entre espírito e corpo não foi disposta na *segunda meditação* é porque o *cogito* e a certeza que se relaciona com ele não são as coisas que precedem a demonstração dessa distinção. A disposição revela a cadeia demonstrativa. A ordem, portanto, é a ordem das razões apenas na medida em que é dupla, é aquela pela qual se chega às primeiras coisas e aquela na qual se demonstra as coisas seguintes a partir das primeiras.

Conseqüentemente, se Descartes distingue a ordem da maneira de demonstrar, isso significa apenas que "a ordem é absolutamente geral e convém tão bem ao método sintético quanto ao analítico", ainda que a maneira de demonstrar não esgote toda a realidade da ordem. Como escreve J.-M. Beyssade:

> Mas, porque não há, em filosofia, síntese justificada sem garantia metafísica, e porque a metafísica não se presta a uma exposição propriamente sintética, a maneira de demonstrar permanece subordinada ao estabelecimento de princípios.[19]

É isso mesmo, além do mais, que opõe a análise à síntese; a síntese pretende se identificar à ordem, recobri-la inteiramente e tornar indiferentes a ordem e a maneira de demonstrar. Não se dirá, pois, que a ordem se distribui em análise e síntese, mas que a diferença entre análise e síntese funda a separação entre a ordem e a maneira de demonstrar. A maneira analítica de demonstrar faz parte da ordem, como faz parte da ordem chegar ao ponto em que o movimento demonstrativo é possível, isto é, à proposição das coisas primeiras e à da prioridade dessas coisas sobre as seguintes, de fato sobre as segundas. Que Espinosa leu e meditou sobre as objeções de Mersenne, a leitura dos *Princípios da filosofia cartesiana* o mostra e, de certa maneira, Espinosa reveza com Descartes, como se quisesse dar uma resposta bem mais satisfatória a Mersenne que a dada por Descartes.

---

19. J.-M. Beyssade. "L'ordre dans les Principes" ["A ordem nos Princípios"], *Revue de Philosophie*, 1987.

## 6. Percebido *a um simples olhar como em um quadro...*

O prolegômeno aos *Princípios da filosofia cartesiana* expõe as três primeiras meditações de Descartes:

1. "*das coisas que se pode colocar em dúvida*" que Espinosa traduz por "*por que Descartes duvidou de tudo*";

2. "*da natureza do espírito humano*" que, em Espinosa, se transforma em "*por quais vias ele encontrou os fundamentos estáveis das ciências*";

3. "*de Deus, que ele existe*" que se torna "*por que meios ele se liberou de todas as suas dúvidas*".

Nos *Princípios da filosofia* escritos por Descartes, esses três pontos pertencem à primeira parte: 1) parágrafos 1 a 5; 2) parágrafos 7 a 13; 3) parágrafos 17 a 30. Entretanto, o vocabulário empregado por Espinosa corresponde mais, termo a termo, ao das *Meditações*. Em geral, nesse prolegômeno, Espinosa se refere mais às *Meditações* que aos *Princípios da filosofia*. Assim, a expressão *Princípios da filosofia* designará menos o título da obra de Descartes que o ponto de partida da filosofia cartesiana. Espinosa exporá o início e, por conseguinte, os fundamentos sobre os quais Descartes se apoiou, para tirar desses princípios um certo número de conclusões.

O verdadeiro princípio da filosofia cartesiana é o *cogito*, que Espinosa chamará também de fundamento. Ele é conhecido clara e distintamente como expressão de uma coisa pensante, não é um silogismo, não tem necessidade de demonstração e exclui tanto mais todo risco de dúvida quanto sua certeza excepcional se funda na dúvida universal. Sem ele, não se poderia demonstrar nada, já que tudo que for percebido tão clara e distintamente quanto ele será verdadeiro. Será o critério de verdade, e Espinosa o nomeia fundamento das ciências, medida e regra de todas as outras idéias verdadeiras.

Espinosa faz uma dupla exposição desse princípio: uma no prolegômeno, outra *more geometrico* nas quatro primeiras proposições da parte I. A primeira exposição parece seguir fielmente a seqüência da segunda *meditação*, ao passo que a segunda marca mais distintamente as transformações operadas por Espinosa na filosofia de Descartes com a substituição do *cogito ergo sum* [penso, logo sou] pelo *sum ergo cogito* [sou, logo penso]. Será preciso se interrogar sobre a diferença entre essas duas exposições, visto que, no prolegômeno, Espinosa explica as razões pelas quais não escreveu à maneira dos geômetras. A virtude do estilo dos geômetras será a de apresentar simultaneamente os elementos que o compõem, de tal modo que o entendimento os compreenda imediatamente. Isto é, de modo que a dedução necessária, sua discursividade, sua sucessão não sejam contraditórias com a simultaneidade e o caráter imediato do conhecimento ou da compreensão. A ordem geométrica é prolixa, não permite agarrar tudo a um só olhar, sua prolixidade oferece uma estreiteza de ponto de vista, uma ordem de sucessão e não uma ordem arquitetônica. A análise oferece em comparação a ela um amplo panorama.

A maneira geométrica deve permitir que se perceba tudo a um só olhar, o que Descartes refutava porque, com tal exposição, só se pode reter poucos elementos, em todo caso, bem menos que nas *Meditações*, por causa justamente da prolixidade dessa ordem, isto é, "da longa série de definições, postulados, axiomas, teoremas e problemas".[20] A prolixidade da maneira geométrica se dá na razão inversa da pobreza do que ela pode expor, enquanto a brevidade da análise deveria, ao contrário, permitir a

---

20. Descartes, "Secondes réponses", loc. cit., p. 254. [Ed. bras.: "Respostas às segundas objeções", São Paulo, Abril Cultural, 1973, p. 177. (Os pensadores)]

exposição de um maior número de coisas. Espinosa transforma, entretanto, a exposição de Mersenne ("A fim de que de um só golpe e como de uma única olhadela"), mudando para "percebido a um simples olhar como em um quadro", o que pode ser o eco da primeira parte do *Discurso do método*:

> Mas estimaria muito mostrar, neste discurso, quais os caminhos que segui, e representar nele a minha vida como num quadro.

Trata-se, para Espinosa, de expor brevemente "por que Descartes duvidou de tudo, qual via o conduziu aos fundamentos estáveis das ciências e como se liberou de toda dúvida". Espinosa vai portanto expor "brevemente" as primeiras meditações. O estilo breve se opõe ao estilo prolixo dos geômetras. Além do prolegômeno, Espinosa também adotou o estilo breve no *Tratado da emenda do intelecto*, nos *Pensamentos metafísicos* e no *Breve tratado*. As razões da dúvida, a via em direção aos fundamentos, a liberação das dúvidas, não podem dar lugar a uma exposição sintética. Espinosa seguirá no prolegômeno a ordem analítica das *Meditações*. Mas como, em seguida, Espinosa se apoiará no resumo sintético das *Meditações*, isso significa que ele vai repetir os fundamentos da filosofia de Descartes uma primeira vez no prolegômeno, uma segunda vez na primeira parte, na primeira vez sem adotar o estilo sintético, na segunda vez adotando-o. Evidentemente dir-se-á que, como bom pedagogo, Espinosa evoca o ponto de partida da filosofia cartesiana antes de expor os princípios, visto que o objeto de seu ensino não concerne ao que se poderia chamar de filosofia bruta de Descartes, mas à sua versão escolástica destinada ao ensinamento ou à resposta às objeções. Logo, na medida em que Espinosa expõe a filosofia cartesiana pelo viés da relação que ele mesmo teve com Descartes, parece evidente que reproduza a exposição cartesiana.

No entanto, apesar da fidelidade de Espinosa à ordem analítica de Descartes, muitos detalhes do prolegômeno chamam atenção. A ausência da hipótese do gênio maligno na experiência da dúvida, o deslocamento de certas expressões tiradas de Descartes e colocadas em outro contexto e, enfim, uma anomalia referente ao argumento do membro fantasma ou à ilusão dos amputados. Quando Espinosa expõe as razões que Descartes teve para duvidar de tudo, acrescenta a todas aquelas que Descartes ordena na primeira *meditação*, que "[Descartes] ouvira outros afirmarem, mesmo despertos, que sentiam uma dor nos membros perdidos há muito". A anomalia é que Espinosa dá uma razão de duvidar que Descartes não havia dado, pelo menos não na primeira *meditação*. Essa anomalia é importante? Ao mesmo tempo sim e não. Não, porque Descartes evoca na sexta *meditação* a ilusão dos amputados como uma razão de duvidar, duvidar do sentido interno, de colocar em dúvida os julgamentos fundados nos sentidos. Sim, porque se Descartes não a evocou ali onde Espinosa a coloca, é por uma razão essencial. Que razão é essa?

## 7. *A dúvida sempre nasce do fato de serem as coisas investigadas sem ordem...*

A dúvida desempenha, em Descartes, um papel bem conhecido. É dela, do exercício da dúvida, que nascerá a primeira certeza. Mas essa primeira certeza não destrói todas as razões de duvidar. A ilusão dos amputados faz parte dessas razões que subsistem, assim como algumas ilusões dos sentidos (as dimensões do Sol, a perspectiva). São ilusões naturais. Lembremos o texto de Descartes:

Haverá coisa mais íntima ou mais interior do que a dor? E, no entanto, aprendi outrora de algumas pessoas, que tinham os braços e as pernas cortados, que lhes parecia ainda, algumas vezes, sentir dores nas partes que lhes haviam sido amputadas; isso me dava motivo de pensar que eu não podia também estar seguro de ter dolorido algum de meus membros, embora sentisse dores nele.[21]

Há, pois, tanta razão para duvidar dos sentidos interiores quanto dos sentidos exteriores. Mas essa razão de duvidar não intervém onde Espinosa a coloca, ela intervém quando Descartes lembra as razões que teve para duvidar, ela não faz parte, portanto, da via que conduz Descartes da dúvida à certeza de ser uma coisa que pensa, isto é, à certeza do *cogito*. Espinosa se enganou? É preciso ainda, para que essa questão tenha sentido, explicar por que o menor deslocamento na ordem dos argumentos de Descartes nas *Meditações* pode ser considerado como um erro. Se a ilusão dos amputados está posta na sexta *meditação*, ela não está lá para mostrar que se pode duvidar não sem razão da existência do próprio corpo, mas para mostrar que os erros dos sentidos só podem ser explicados pela união da alma e do corpo. Ora, um dos argumentos das objeções dirigidas a Descartes consiste no seguinte: como atribuir certos erros dos sentidos à união da alma e do corpo sem saber o que é essa união, sem saber o que distingue a alma do corpo?

*Recta inveniendi via est ex data aliqua definitione cogitationes formare*: a reta via a se encontrar é formar os pensamentos a partir de uma definição dada.[22] De certa

---

21. Descartes, *Méditations métaphysiques*, VI, Paris, Garnier-Flammarion. [Ed. bras.: *Meditações metafísicas*, VI, §13, São Paulo, Abril Cultural, 1973, p. 145. (Os pensadores)]

22. *Tratado da emenda do intelecto.*

forma, não há em Espinosa uma ordem e duas maneiras de demonstrar, não há nem mesmo uma diferença entre ordem e maneira de demonstrar, seja analítica ou sintética. Conseqüentemente, o problema da análise e da síntese, em Espinosa, não se coloca em termos cartesianos. Para começar, Espinosa nega a identidade entre a análise e a ordem da invenção. A análise, no sentido cartesiano do termo, começa pela dificuldade de chegar às primeiras noções, começa pela dúvida. E, de certa forma, a síntese só é possível sob a condição de que o trabalho da análise já tenha ocorrido – assim, como mostrou J.-M. Beyssade, a análise, nos *Princípios da filosofia* de Descartes, prepara a síntese que acontece em determinado momento.[23] A dúvida mantém com a análise um liame indissolúvel. E a dúvida, diz Espinosa, sempre nasce do fato de se proceder sem ordem.[24]

Nesse sentido, para Espinosa, a ordem analítica apresenta uma contradição nos termos. Mais que isso, em Descartes, a análise mantém uma tripla relação da compreensão com a memória, com a boa vontade e com a atenção, tripla relação que Espinosa recusa. Os preconceitos são obstáculos para a filosofia e toda a questão para a filosofia está em saber o que fazer com esses obstáculos. É preciso que eles façam parte da exposição filosófica? É preciso que o filósofo, o qual, supõe-se, ultrapassou esses obstáculos, exponha àqueles que supostamente não os ultrapassaram, a maneira pela qual realizou isso? De certa forma, a análise parte não do que ofusca a verdade, mas do combate entre a verdade e o que a ofusca. Se Descartes parte da dúvida, se quer fazer tábula rasa de tudo que recebeu até o

---

23. J.-M. Beyssade, loc. cit..

24. *Tratado da emenda do intelecto* [Ed. bras.: *Espinosa*, São Paulo, Abril Cultural, 1979, p. 63. (Os pensadores). Essa edição optou pela tradução *Tratado da correção do intelecto*.].

momento tomando o incerto como duvidoso, é porque quer fundar a certeza nela mesma e porque esse fundamento não pode se desvelar se não for pela experiência mesma de colocar em dúvida tudo que não é certo em si. É por isso que a análise parte da consideração dos preconceitos. Se a síntese não convém à metafísica, é por ser um obstáculo à certeza ou por ser indiferente à questão do fundamento dessa certeza?

A importância dos *Princípios da filosofia cartesiana* é a seguinte: a diferença entre Espinosa e Descartes diz respeito à ordenação dos pensamentos de Descartes. Essa ordenação não é uma outra maneira de dispor as verdades, ela é a ordem de seu engendramento. De fato, Espinosa não faz nenhum julgamento sobre Descartes. Como, para toda idéia duvidosa, falsa ou fictícia, basta relacioná-la a uma idéia que não a tornará mais duvidosa, nem falsa, nem fictícia, Espinosa relaciona Descartes à idéia que o tornará menos incerto. A dúvida? Não se pode começar por aqui, porque eu só posso saber se Deus é enganador ou não a partir do momento em que tenho uma idéia verdadeira; mais que isso: podemos ter uma idéia verdadeira mesmo sem saber se Deus nos engana ou não. Partamos, então, de uma idéia verdadeira, a do triângulo, por exemplo. E partamos, ou pelo menos tentemos chegar o mais rápido possível à idéia de Deus de modo que ela ponha imediatamente sua existência. Assim, o princípio da filosofia não se resumirá ao "*eu penso*", mas ao "*o que se pensa?*", de sorte que desse pensamento se possa chegar ao conhecimento da união da mente com o todo da Natureza. A idéia de Deus não é uma prova da existência de Deus, não há a necessidade de provar a existência de Deus. Como chegar a uma idéia de Deus tal que não se tenha a necessidade de provar sua existência?

# 3

# Tratado teológico-político

Em 1670 é publicado, sem o nome do autor e com falsa indicação de editor e local (Hamburgo), o *Tractatus Theologico-politicus continens Dissertationes aliquod, quibus ostenditur libertatem philosophandi non tantum salva pietate, & reipublicae pace posse concedi: sed eandem nisi cum pace republicae, ipsaque pietate tolli non posse.* Isto é, o *Tratado teológico-político contendo algumas dissertações nas quais se mostra que a liberdade de filosofar pode concordar não apenas com a piedade e a paz da República, mas que não pode ser suprimida sem que ao mesmo tempo sejam suprimidas a paz da República e a piedade.*

Espinosa começou a escrever o *Tratado teológico-político* em 1665, quando ainda não havia terminado de compor a *Ética.* As três razões pelas quais resolveu escrevê-lo estão expostas na carta XXX a Oldenburg:

1º) desembaraçar dos preconceitos da teologia as mentes que gostariam de se aplicar à filosofia;

2º) combater a acusação de ateísmo que lhe era geralmente atribuída;

3º) defender a liberdade de filosofar contra o zelo dos pregadores.

Para isso, Espinosa segue uma ordem bem estrita. Primeiro, adquirir a convicção de que as *Escrituras* (a Bíblia) não têm nada em comum com a filosofia e que o conhecimento revelado só tem por objeto a obediência. Em seguida, na medida em que a Bíblia está escrita conforme a uma certa compleição da multidão, a liberdade religiosa é fundada. Por fim, a liberdade de pensar não pode ser ameaçada sem ameaçar também a liberdade do Estado, visto que renunciar à liberdade de pensar levaria ao absurdo de renunciar a sua natureza.

## 1. Viver pela liberdade

Entre setembro e outubro de 1665, em plena guerra anglo-holandesa, Espinosa escreve a Oldenburg, que vivia em Londres, uma carta com acentos trágicos na qual expõe as razões pelas quais abandonava provisoriamente a composição da *Ética* para escrever o *Tratado teológico-político*. A guerra, o vão combate, os males em que os Estados incorriam não o conduziram a suspender a filosofia, nem a acusar a loucura dos homens, nem a escarnecer dela.

> Esses tumultos me incitam mais a filosofar e a observar melhor o que é a natureza humana. Pois não estimo ter o direito de escarnecer da natureza e, ainda menos, de me lastimar dela quando penso que os homens, como os outros seres, são uma parte da natureza, e que eu ignoro como cada uma dessas partes concorda com o todo e é conforme a ele e como, além disso, cada parte se reúne às outras. Aliás, é apenas por esse defeito de conhecimento que alguns seres da natureza, dos quais tinha apenas uma percepção parcial e mutilada, que não eram de forma alguma conformes a um espírito filósofo, me pareceram outrora vãos, desordenados e absurdos. Mas agora deixo a cada um a liberdade de viver segundo seu engenho: aqueles que quiserem, certamente podem morrer por seu bem, contanto que me seja permitido viver pela verdade.

"Mas agora deixo a cada um a liberdade de viver segundo seu engenho...", afirmação que não julga mais como vãs e fúteis as ocorrências da vida cotidiana, julgamento que nascia de uma percepção "parcial e mutilada" de determinados seres da natureza. Afirmação talvez de uma mudança aparente em relação à perspectiva inicial do *Tratado da emenda do intelecto*. Parece uma confirmação o fato de que essa perspectiva seja trazida aqui. No momento ele precisa "compor um tratado sobre as *Escrituras*" para lutar contra aqueles que impedem os homens de aplicar sua mente à filosofia, contra aqueles que dirigem o homem contra ele mesmo, contra aqueles que, por seu prestígio e insolência, arruínam a liberdade de filosofar. Espinosa abandona a redação da *Ética* para garantir a publicação desse tratado. Toda a obra do filósofo visou a um único acontecimento: a composição e a publicação da *Ética*. Isso significa que as únicas duas publicações de Espinosa em vida são destinadas a preparar e favorecer esse acontecimento; essas publicações participam de uma política da filosofia.

Assim, é preciso ler essas obras em relação a esse acontecimento, inclusive os *Princípios da filosofia cartesiana*. Mas é preciso dizer também que Espinosa compõe o *Tratado teológico-político* na urgência de circunstâncias terríveis. Se a acusação de ateísmo, particularmente, só se dirigisse a sua pessoa, ele poderia não ter respondido, mas ela se dirigia também a seus amigos, em particular aos republicanos, dos quais era próximo e que poderiam ser enlameados e comprometidos com a acusação.[1] A liberdade de filosofar estava comprometida, era necessário inventar condições políticas que a garantissem. Não poderia

---

1. Sobre os riscos políticos do *Tratado teológico-político*, recomendamos o livro de E. Balibar, *Spinoza et la politique* [*Espinosa e a política*], Paris, PUF, 1985. É um livro curto, claro e admirável.

se tratar de uma conservação, uma vez que uma filosofia não pode encontrar, nem mesmo em uma República, o lugar ideal para se exercer. Conseqüentemente, o exercício da filosofia, tal como entende Espinosa, toca sempre os limites do que uma autoridade política, por mais democrática que seja, pode suportar. O risco da filosofia implica o da luta permanente, é seu caráter automaticamente político e é uma lição do *Tratado teológico-político*.

## 2. Aos não-filósofos, não tenho outro tratamento a recomendar que este tratado...

De onde vem a superstição, a credulidade? Por que os homens, juntos, pensam mal, se enganam, se dedicam à ignorância? A partir do momento em que alguém se compreende como uma parte dos homens, em que o número não constitui a essência do homem, essa questão se torna um problema. Com efeito, não se vê de imediato por que o que alguns têm por destino não é o destino de todos. Mas é preciso, ainda, determinar o problema, porque não se trata tanto do problema da comunicação a todos de uma verdade formada por alguns, nem do problema da "resistência ao verdadeiro", mas do problema da relação dos homens entre si pelo viés do desejo. O desejo sem medida de bens incertos é a causa da flutuação da mente entre a esperança e o medo e, conseqüentemente, causa da credulidade.

> [Assim,] os que se entregam a todo gênero de superstição não podem deixar de ser aqueles que desejam sem medida bens incertos.[2]

As religiões ou as igrejas, que são uma forma de superstição, estão fundadas sobre esse desejo. Esse desejo sem

---

2. *Tratado teológico-político*, Prefácio.

medida de bens incertos tem um efeito: a ignorância de si. A ignorância de si significa não apenas que se ignora as causas que determinam o desejo, que se cria uma ilusão de liberdade, mas também que se oscila entre a credulidade e a presunção, ora sob a dependência do julgamento do outro, ora sob a crença da independência. A ignorância de si tem por conseqüência que não podemos saber o que sabemos e nos votamos ou a ser enganados ou a ser céticos.

Portanto, pertence à natureza do homem ser crédulo: é uma conseqüência direta de sua essência desejante. E os homens não são supersticiosos porque possuem uma idéia confusa de Deus, eles têm uma idéia confusa de Deus porque são supersticiosos. Assim, a religião não é a causa da superstição, ela é o efeito. Todavia, a superstição, ou a credulidade, é necessariamente inconstante; é difícil persistir na mesma superstição, e encontramos prazer na novidade, porque a novidade ainda não nos enganou. Mas, na medida em que a credulidade constitui a forma de relação social dos homens entre si, a inconstância traz o perigo de arruinar essa forma. É preciso, pois, dar consistência e constância a essa inconstância. Há dois meios quase infalíveis: a estabilidade *cultural* da credulidade e a submissão, sem falhas, de todos a essa estabilidade. Uma igreja e a obediência. Resumidamente, trata-se de meios políticos, "o segredo do regime monárquico".

Todavia, o segredo do regime monárquico é também sua fraqueza, porque suas leis dizem respeito a objetos que são objetos tanto de crença quanto de especulação – Deus, por exemplo. Logo, toda opinião diferente pode ser assimilada a um delito ou a um crime. Assim, o regime monárquico, ou qualquer outra forma de tirania, possui um princípio contraditório, pois, de um lado, apóia-se sobre a credulidade, que só tem eficácia para todos na medida em que cada um exerce sua liberdade de opinião na busca de bens incertos, mas, por outro lado, só pode estabilizar ou instituir a inconstância da crença condenando essa liberdade. Diferentemente, em um regime republicano, em que não há liberdade comum sem livre julgamento, o problema é inverso: a liberdade de opinião não é condenada, mas, por causa disso e porque a República não pode por si mesma destruir as causas da credulidade, essa liberdade pode se tornar um meio, mais sutil que a tirania, de perdê-la e, portanto – o que é mais terrível –, um meio de arruinar a República.

Conseqüentemente, é necessário mostrar que a liberdade de julgamento não traz perigo para a República. Mas compreende-se que essa liberdade de julgar é menos aquela de ter opiniões ou de "fazer o que bem entender", do que, também e sobretudo, a liberdade de suportar o fato de essas opiniões não serem mais do que opiniões e não constituírem em nada um modelo tirânico de vida ou de pensamento. Tanto que, se hoje fosse preciso escrever – e de fato é! – um tratado de mesma natureza, ele não se chamaria "Teológico-político", e não deixaria de ser de mesma natureza.

Para mostrar que a liberdade de julgar não é um perigo para a República, Espinosa vai, por um lado, indicar os principais preconceitos em matéria de religião e, por outro, indicar os preconceitos que concernem ao direito das autoridades soberanas do Estado. Mas, segundo um método que reconhecemos, Espinosa deseja começar pelas causas que o levaram a escrever. As causas dizem respeito à observação das circunstâncias que o rodeiam: o ódio daqueles que professam o amor, a impossibilidade de saber o que é um homem até se identificar sua religião, as sedições e as guerras empreendidas em nome da religião, a luta pela liberdade que lembra uma luta pela servidão. Qual é a causa? A fé não consiste em nada além de preconceitos, preconceitos que reduzem os homens ao estado de bestas, que cegam a razão, que afastam o espírito de si mesmo, que parecem inventadas para apagar toda a luz do entendimento.

Tratado teológico-político

> De sorte que se reconhece os detentores da luz divina por seu desprezo à razão, por seu desdém pelo entendimento.

Eles têm satisfação com a estupidez. E Espinosa vê o desprezo pela luz natural, a razão condenada como fonte de impiedade, Deus transformado em asilo da ignorância e vestido ridiculamente com as invenções mais delirantes dos homens, a credulidade confundida com a fé, etc. De onde vem tudo isso, de onde vem essa confusão? Da conjunção entre uma má interpretação das *Escrituras* (da Bíblia) e uma concepção do direito. As *Escrituras* não são a palavra de Deus, pela simples razão de que Deus não fala, em nenhum estilo. As *Escrituras* foram compostas para ensinar as virtudes da obediência e não para nos fazer conhecer a natureza de Deus: a fé e a filosofia não são de mesma natureza. O direito só pode ter por objeto atos, não palavras; assim, as sedições religiosas não poderiam ter uma aparência de direito e as controvérsias não se transformariam em sedições.

Pode-se ficar tentado a acreditar que o *Tratado teológico-político* era destinado a convencer as autoridades religiosas e políticas de que elas não tinham por que temer a filosofia. Não é nada disso, diz Espinosa; o tratado era destinado à leitura dos filósofos e daqueles que desejam tornar-se filósofos. Essa obra não é ofensiva no sentido de ser um ataque, mas é ofensiva no sentido de querer reunir forças. Em outras palavras, sua intenção não é nada além da afirmação de um poder de liberação.

### 3. As Escrituras *não seguiram o método dedutivo...*

A Bíblia, escreve Espinosa no capítulo XIII do *Tratado teológico-político*, não deduz as coisas encadeando-as a partir de axiomas e definições, ela simplesmente as diz. A razão disso é que as *Escrituras* ensinam e transmitem as coisas de tal maneira que elas possam ser percebidas por qualquer pessoa. As razões pelas quais Espinosa faz essa observação dizem respeito à oposição entre os fins das *Escrituras* e os da filosofia, entre a obediência e a liberdade, entre a crença e o conhecimento, entre a imitação da natureza divina nas regras de vida e a beatitude.

Um exemplo: a profecia, que é o objeto do primeiro capítulo do tratado, é o conhecimento certo revelado aos homens por Deus. O profeta interpreta as coisas reveladas de Deus para pessoas incapazes de possuir um conhecimento certo e que não podem compreendê-las se não for pela fé. Observemos uma diferença entre a definição da profecia e a do profeta: a revelação na profecia é *por* Deus (*Deo*), no profeta é *de* Deus (*Dei*). A profecia, portanto, é um conhecimento natural, se por conhecimento natural se entender o que é conhecido pela luz natural. Ora, o conhecimento natural depende do conhecimento de Deus, é comum a todos e depende de fundamentos comuns. Mas há profecia sem profetas? Com efeito, quando se fala de conhecimento profético, ele é associado sobretudo a um conhecimento sobrenatural e logo se faz do profeta um homem dotado de conhecimento sobrenatural. Portanto, de um lado, a profecia é um conhecimento natural enquanto é relacionado a Deus, de outro, é um conhecimento sobrenatural enquanto é relacionado ao profeta. Além disso, se o conhecimento natural é comum a todos, como explicar a existência de profetas que interpretam esse conhecimento natural?

A única razão é que os homens crêem que um conhecimento revelado por Deus não é natural. Mas o que eles chamam de "natural"? Certamente não o que é conhecido pela luz natural, mas antes o que segue de sua natureza. Ora, Deus ultrapassa muito sua natureza. Logo, o problema é que, de um lado, o conhecimento divino é um conhecimento natural, de outro, não é natural. Neste

Tratado teológico-político

espaço o profeta encontra seu lugar. Com efeito, o conhecimento de Deus por ele mesmo (revelado por Deus) ultrapassa o conhecimento de Deus explicado apenas pelas leis da natureza humana. Mas entre o conhecimento de Deus por ele mesmo e o conhecimento de Deus pelos homens, a diferença não é de natureza, e é justamente isso que, aos olhos de Espinosa, separa o profeta do filósofo. Assim, ao começar expondo a profecia antes do profeta, Espinosa opera um duplo movimento: a causa dos profetas é a profecia entendida não como uma maneira mutilada e confusa, mas relacionada a sua causa, isto é, Deus. Mas, por outro lado, não há profecia sem profetas e a causa está na ignorância da natureza de Deus. Portanto, a profecia não é a maneira pela qual Deus fala para se adaptar a nossa debilidade, já que, pela lógica, ele tomaria a si mesmo como um imbecil, mas a maneira pela qual os homens concebem a diferença entre seu conhecimento de Deus e o conhecimento de Deus por ele mesmo, e se chamará filósofo aquele, diferentemente do profeta, que faz do conhecimento de Deus o amor de Deus se conhecendo a si mesmo.

## 4. Entre a Fé ou Teologia e a Filosofia não há nenhum comércio...

Apesar de tudo, acontece de lermos Espinosa como se ele fosse um profeta. Por exemplo: uma das críticas mais tenazes dirigida a sua maneira de escrever, à ordem geométrica da *Ética* em particular, denuncia a coação que essa maneira exerceria sobre o leitor, os obstáculos e as obscuridades que oporia a esse leitor. Só pelo fato de esta obra de Espinosa ser uma leitura difícil, seria fácil tratá-lo como impostor.

Essas críticas significam que Espinosa escolheu a forma mais difícil, a mais afastada de uma comunicação clara e fácil de suas idéias, mas também aquela que levantava os maiores obstáculos a uma experiência de liberação, a uma leitura que fosse ao mesmo tempo um exercício. Elas significam, em outras palavras, que a forma geométrica da *Ética* exclui toda ascese intelectual, aí entendida a ascese que, por exemplo, as *Meditações metafísicas* implicam – mas se trata de mais do que um exemplo. Parece-nos, ao contrário, que, em relação à destinação da obra, a ordem geométrica tem apenas uma função negativa ou uma função polêmica. E isso pode ser mostrado por duas ordens de razões. Em primeiro lugar, um conjunto de razões que concernem à relação entre a filosofia e os preconceitos, relação que, como vimos, é radicalmente diferente em Espinosa e Descartes. Em seguida, um conjunto de razões que se podem extrair da própria leitura da *Ética*, na qual um grande número de proposições traz demonstrações que oferecem um aspecto pragmático, isto é, que não são apenas o enunciado contemplativo de um esclarecimento ou do curso lógico de uma dedução, mas o enunciado de um ato a cumprir, uma obra a se fazer, um conceito a se construir. É possível que se possa, aqui, distinguir na *Ética* proposições que seriam teoremas de outras proposições que seriam problemas.

Censura-se Espinosa de, por exemplo, partir de definições que não seriam definições, uma vez que definições são evidências partilhadas e as de Espinosa não são nem evidentes nem partilhadas. Mas o método, no sentido espinosano do termo, convida não à compreensão de uma prescrição exterior, mas à compreensão de uma economia interna da construção de idéias, do encadeamento de conceitos. Freqüentemente se afirma, sem exame, que Espinosa seguiu o método sintético, a via sintética, aquela via que Descartes abandonou. Julgar a *Ética* assim do exterior, por uma forma que se supõe emprestada, conduz, de nosso ponto de vista, a contradições quanto à relação entre essa

Tratado teológico-político 81

forma pretensamente emprestada e a concepção espinosana da comunicação das idéias e dos obstáculos a essa comunicação. Para Espinosa, com efeito, os preconceitos ou prejuízos não são simplesmente obstáculos passivos à recepção da filosofia, obstáculos que bastaria remover, suspender por uma boa vontade, uma determinada atenção, uma dúvida. Os preconceitos são sempre hostilidades que tomam formas instituídas; não são obstáculos a ultrapassar, e sim forças a vencer. Não se pode, no ponto de partida, postular o lugar de uma evidência partilhada por todos, uma concessão pacífica que todo mundo poderia receber como clara e distinta. Filosofia da liberação, a liberação se conquista por um combate: como, então, censurar Espinosa por ter usado um método que requer uma evidência partilhada sem se dar conta de que nada pode ser evidente em suas primeiras definições?

Freqüentemente, por excesso de modéstia ou deferência, consideramos o filósofo como mestre de suas intenções e seu espírito como um "Deus escondido" e nos propomos a tarefa infinita de nos aproximar dele pelas migalhas que ele, paradoxalmente, ter-nos-ia deixado. Não vemos sempre o quanto há de desprezo redutor nessa glorificação dos grandes filósofos, visto que não acreditamos que eles sejam capazes de preencher para nós o abismo entre seu gênio e o que seu gênio pôde produzir. Dispomo-nos a acreditar que seu pensamento é inesgotável, mas esse caráter inesgotável diz menos respeito a tudo que esse pensamento pôde produzir do que à distância entre suas pistas e sua intenção. Dessa forma, tomamos as obras filosóficas como os teólogos, que tomavam as obras de Deus como um conjunto finito em relação ao infinito que Ele poderia ter feito, e organizamos os textos como aqueles volumes em perspectiva na qual os elementos, assim dispostos, aprofundam o quadro apenas pelo fato de que alguns escondem outros e que a estrutura espacial nos priva da possibilidade de estar no ponto onde tudo se organiza. Se às vezes distinguimos uma ponte, uma passagem entre um pensamento e sua formulação, atribuímos sua existência à nossa resistência ao verdadeiro, à nossa impotência de compreender, à nossa servidão em relação aos preconceitos, como se a experiência de um texto nunca pudesse coincidir com a de um pensamento em ato, uma presença. Pode-se, inversamente, rebaixar a filosofia a nós mesmos, dobrá-la para nosso uso, fazê-la emergir de um fundo comum e ater-se à superfície do que ela diz, para se aperceber de que ela se ocupa apenas com o que diz, mas tendo por meio o que sempre a distrai.

Aparentemente, um determinado número de concepções hipotético-dedutivas da *Ética* participa dessa confusão entre profecia e filosofia, e isso porque o comentário adota um ponto de vista sobre a comunidade entre o livro e o leitor sem examinar se essa comunidade lhe convém. Tendo a impressão, por exemplo, de que as definições são enunciados que aguardam uma demonstração (este *id*, causa de si, será a substância, Deus – como se demonstrará – é absolutamente infinito, etc.), enxerga-se nas definições da *Ética* e, portanto, em sua ordem geométrica, alguma coisa que repugna à comunidade de evidência, a evidência partilhada por todos, tal como existe, normalmente, no método dos geômetras. Ora, como já foi freqüentemente notado, nenhuma das definições da *Ética* oferece uma evidência partilhada por todos. Daí a conclusão de que são hipóteses. Essa interpretação postula, evidentemente, que Espinosa teria adotado a maneira clássica do método geométrico. Todavia, nada permite dizer – é exatamente o contrário – que Espinosa parta de hipóteses ou que as definições devam ser hipotéticas, nem na teoria espinosana do método, nem na da ordem e nem mesmo na da definição. Se toda definição deve ser afirmativa, não se vê como ela poderia afirmar algo que não afirma nada, isto é, uma hipótese.

Deleuze dizia com Proust que "todos os contra-sensos são possíveis sob a condição de que sejam belos". O contra-senso que atribui à *Ética* um raciocínio hipotético-dedutivo não é belo, porque toma como norma de inteligibilidade banalidades como "a neve é branca", tanto que as definições e proposições da *Ética* colocam, para essa norma, dificuldades consideráveis. Então, como o tigre de William Blake, é preciso escolher: ou perguntar-se como pintar sua "*tearfull symmetry*" [simetria rompida], ou encerrá-lo em uma jaula...

O *Tratado da emenda* nos ensina que é preciso pesquisar se há um ser que seja causa de todas as coisas. A evidência partilhada é a de que há coisas e que essas coisas possuem uma causa, talvez não uma única e mesma causa, mas cada coisa possui uma causa, *tudo que existe possui uma causa*. Entre as coisas que possuem uma causa há as idéias, e as idéias só podem ter por causa idéias. A evidência partilhada é que possuímos idéias (e temos inclusive idéias verdadeiras). A exigência da ordem exige que procuremos a idéia que é causa de todas as idéias. Devemos, portanto, partir de uma definição causal. Como escreve B. Rousset:

> Precisamos, portanto, partir da idéia do ser como causa, isto é, da idéia em seu duplo aspecto, da idéia que é causa de todas as idéias de ser enquanto é a idéia da causalidade do ser de todas as coisas.[3]

Assim, a primeira definição do *De Deo* (Sobre Deus), definição da causa de si, deve ser também compreendida como causa da definição, idéia da causa e causa da idéia. Muitas idéias hostis se opõem a que recebamos essa definição. O *Tratado teológico-político* as revela: deste ponto de vista ele é a "máquina de guerra" que faltava à *Ética*.

---

3. B. Rousset, op. cit., p. 395.

# 4
# Ética

*Ethica ordine geometrico demonstrata et in quinque partes distincta in quibus agitur I De Deo II De Natura & Origine Mentis III De Origine & Natura Affectuum IV De Servitute humana seu de Affectuum viribus V De potentia intellectus seu de Libertate humana.* Isto é, *Ética demonstrada em ordem geométrica, e dividida em cinco partes nas quais se trata: I De Deus, II Da natureza e origem da mente, III Da origem e natureza dos afetos, IV Da servidão humana ou da força dos afetos e V Da potência do intelecto ou da liberdade humana.* Espinosa dedicou quase quinze anos para escrever a *Ética*, de 1661 a 1675.

No início de agosto de 1675, Espinosa deixa Haia, onde vivia desde 1671, para ir a Amsterdã a fim de entregar ao editor o manuscrito da *Ética*. Em 21 de junho de 1675, o consistório de Haia havia pedido a seus membros para investigar os rumores segundo os quais Espinosa iria publicar um livro. A venda do *Tratado teológico-político* acabara de ser interditada. O boato que corria, com efeito, era de que "o autor do *Tratado teológico-político* fez sobre Deus e sobre o entendimento um livro ainda mais perigoso que o primeiro". Espinosa escreve, então, a Oldenburg:

> Fiz a viagem a Amsterdã com a intenção de mandar publicar o livro sobre o qual já te havia escrito. Enquanto

estava ocupado com isso, espalhou-se por toda parte o boato de que estava no prelo um livro meu no qual eu buscava demonstrar que não existe Deus. Esse boato foi objeto de crença para muitas pessoas [...] decidi adiar a ·impressão do livro que acabara de terminar... Mas o caso parece tomar dia a dia um aspecto cada vez pior e ignoro o que farei.

A *Ética* será publicada depois da morte de Espinosa. No dia de sua morte, Espinosa pediu que fosse publicada sem seu nome.

## 1. Todos os corpos convêm em certas coisas...

O que aconteceu entre o passado de uma mente decomposta e dilacerada pela busca de bens comuns e o futuro de uma mente conhecedora da união que possui com o todo da Natureza? Eis o que nos perguntávamos em meio à leitura do começo do *Tratado da emenda do intelecto*. A mente distraída está unida ao todo da Natureza, mas não sabe disso, nem pode saber. É preciso, pois, adotar o ponto de vista a partir do qual ela possa sabê-lo: fazendo isto, a mente deixará de estar distraída de si mesma. O todo da Natureza – Espinosa distingue a Natureza da natureza – é Deus, Deus, ou seja, a Natureza, *Deus sive Natura*, portanto, a perfeição buscada será o conhecimento da união da mente com Deus, e o bem supremo será o meio que permitirá que se chegue a esse conhecimento. Mas se a mente é parte da Natureza, ela está unida à natureza, na maior parte do tempo sem o saber. Conseqüentemente, esse conhecimento não será uma descoberta e nem mesmo uma invenção, será uma compreensão, uma intelecção. A mente deverá, então, converter seu olhar para compreender o que não compreendia. O bem não é nada além desse aumento de compreensão, e o mal, o que a diminui.

Conhecimento da união que a mente tem com o todo da Natureza. Mas o todo da Natureza não é somente assunto mental. O todo da Natureza chama também o corpo a essa união. Ora, do corpo conhecemos apenas umas poucas coisas, conhecemos apenas o que a mente conhece dele, porque a mente é idéia do corpo: a mente não é uma faculdade, mas uma idéia. E, depois, o corpo não conhece, não pensa, é uma determinada relação de movimento e repouso, é extensão. Em relação com outros corpos, dos quais tem necessidade para perseverar na relação que o constitui, um corpo é afetado sem cessar. Assim, a mente, que é idéia do corpo, tem uma idéia do que afeta o corpo. E, de certa maneira, essa idéia é idéia de uma idéia. Todavia a idéia do que afeta um corpo não apreende muito da causa dessa afecção (*affectio*), apreende bem mais o efeito sobre o corpo afetado e, longe de nos unir a uma parte da natureza, ela nos separa dessa parte. Conseqüentemente, as afecções do corpo não podem constituir o objeto das idéias que envolvem o conhecimento da união que a idéia do corpo tem com o todo da Natureza. Como, então, esse conhecimento que a mente tem pode ser buscado?

Tomemos, por exemplo, um corpo, o nosso, ou uma cereja, ou ainda um peixe pequeno. Um pequeno peixe pode encontrar um grande peixe que o comerá, e uma cereja pode nos encontrar. Em virtude disso, a necessidade de nossa natureza nos conduz a um comércio com outras naturezas, comércio de duração tão indefinida quanto a de nossa existência. E essa necessidade nos convida sempre, para a conservação da relação que nos constitui, a entrar em relação com naturezas mais fracas que a nossa, sem o que a relação que nos constitui seria destruída. Mas esse modo de conservação da relação que nos constitui não resume a perseverança de nosso corpo, já que, para aumentar a potência e a perfeição, entramos em relação com outros que amamos, ou seja, outros cuja destruição nos afetaria. Com esses, nossa alegria não depende da decomposição da relação que os constitui, sendo por isso que não temos pelas cerejas esse tipo de amor. Mas nosso amor tem por objeto uma parte da natureza, e nós não podemos fazer com as partes da natureza o todo da Natureza, não se pode fazer o infinito com o finito. Portanto, ainda que nosso amor por uma parte na natureza aumente nossa alegria, ainda que desejemos conservar essa relação, somente esse amor não pode nos conduzir à união com o todo da Natureza nem, conseqüentemente, ao conhecimento desse todo.

Mas esse amor nos ensina alguma coisa. Nós, partes da natureza, podemos compor com outras partes, temos alguma coisa em comum e temos a idéia de alguma coisa em comum. Comum não quer dizer idêntico. Essa coisa comum, veremos, será a mesma na parte e no todo, mas não é idêntica nas partes. Se temos essa idéia é porque "os corpos convêm em certas coisas". E, portanto, o amor é amor por essa conveniência. Como os corpos convêm em certas coisas? Um corpo é uma coisa singular, uma coisa entre as outras. Uma coisa singular, Espinosa chama de um *modo* e um modo só pode ser concebido por e em outra coisa que não ele.

> Por corpo entendo um modo que exprime, de maneira certa e determinada, a essência de Deus, enquanto considerado como coisa extensa.[1]

Portanto, os corpos têm em comum o fato de exprimirem a essência de Deus enquanto considerado como coisa extensa, e quando os corpos convêm, as mentes desses

---

1. *Ética*, II, Definição I. As citações das partes I e II da *Ética* foram tiradas da tradução inédita realizada, sob orientação da profa. dra. Marilena Chaui, pelo Grupo de Estudos Espinosanos da FFLCH-USP.

corpos possuem necessariamente a idéia do que eles têm em comum. Essa idéia é ao mesmo tempo comum aos corpos e ao que eles exprimem. Espinosa chama essa idéia de *noção comum*. É pelas noções comuns que se operará o conhecimento da união da mente com o todo da natureza. Essas noções são comuns aos corpos. Ainda que houvesse um indivíduo que tivesse as idéias ou que as formasse, elas não seriam menos comuns. E é isso que distingue os axiomas das noções comuns. Todos podem pensar que "o todo é maior que a parte" sem que necessariamente os corpos convenham em alguma coisa por esse axioma.

O que um corpo tem em comum com outros corpos é, antes de tudo, o fato de ser extenso. Ser extenso pode significar duas coisas bem diferentes: primeiro, ocupar um lugar que nenhum outro corpo ocupa; segundo, ser um *modo certo e determinado* da extensão. É neste segundo sentido que um corpo tem alguma coisa em comum com os outros corpos. A geometria é a ciência das modificações da extensão. Mas essa ciência é absolutamente impassível. Um geômetra pode estudar uma figura sem ter a idéia de alguma coisa em comum entre seu corpo e essa figura. Ora, não se pode formar noções comuns sem que se seja afetado pelo que há de comum entre o próprio corpo e um outro. Ser afetado é não ser impassível.

A *Ética* opera o conhecimento da união da mente com o todo da Natureza, procede por noções comuns em sua maior parte e, ao mesmo tempo, é demonstrada segundo a ordem geométrica. Como a impassividade do geométrico não destrói a potência de ser afetado? É uma dificuldade que a *Ética* põe tal como se apresenta a nós, porque "a mente é tanto mais apta para perceber adequadamente várias coisas, quanto seu corpo tem mais coisas em comum com os outros corpos".[2]

---

2.  *Ética*, II, Proposição XXXIX, Corolário.

## 2. *Ética demonstrada em ordem geométrica...*

A *Ética* é demonstrada segundo a ordem geométrica. É sua materialidade, sua realidade, sua perfeição talvez. A *Ética* é assim, toda a *Ética*, da primeira à quinta partes em que se divide (*In quinque Partes distincta*), qualquer que seja a matéria, Deus, a mente, os afetos, a servidão ou a liberdade, qualquer que seja o ponto de vista, as noções comuns e o terceiro gênero de conhecimento. Assim, ela parece ser indiferente a seus objetos e resistir a uma mudança de ponto de vista. Exibindo uma constância e uma regularidade formais, faz que ocupem juntos um mesmo espaço de discurso o que, antes dela, dava lugar a diferentes modalidades de exposição. A *Ética* quebra, assim, com a impossibilidade aristotélica de que objetos *teoréticos* e objetos *práticos* tenham a mesma forma de exposição e de demonstração, e renuncia a uma divisão da certeza determinada por seu objeto ou por seu objetivo, uma vez que os afetos são suscetíveis de uma certeza matemática e, portanto, de uma certeza diferente da certeza moral. Tudo, enfim, "tudo que pode nos conduzir como pela mão à beatitude", parece falar em uníssono.

A *Ética* é, pois, célebre por essa forma singular e única – pelo menos em relação a obras tão célebres quanto ela. Sobre isso, pode-se dizer que Espinosa jamais se pronunciou. Certamente disse em outros lugares o que é uma *Ética* (por oposição a uma Moral ou uma Sátira, mas também por oposição a um tratado metafísico abstrato), que as demonstrações são os "olhos da mente", sem as quais não poderíamos nem ver nem compreender o que se pode deduzir da essência de Deus nem tampouco da essência da mente. Por outro lado, ainda que a fronteira entre axiomas e proposições seja às vezes flutuante, os axiomas enunciam verdades eternas, ou seja, idéias comuns a todos os entendimentos. Por conseguinte, a possibilidade de sua enunciação repousa, ao mesmo tempo, sobre a potência do intelecto de ter idéias verdadeiras e sobre a relação que os intelectos mantêm entre si e que os faz apenas um, uma coisa singular, quando percebem verdades eternas. Os axiomas não podem, todavia, determinar ao intelecto que contemple uma coisa singular em lugar de uma outra.[3] As definições são o conhecimento verdadeiro e adequado das coisas, o conhecimento das coisas pela causa e o enunciado da essência delas, ocorra esse enunciado no quadro de *definições* (as de substância ou atributo, por exemplo) ou no quadro dos *escólios* (as dos afetos). Enfim, a ordem é a do intelecto, que difere da ordem da imaginação. A mente é aí determinada do interior, e não de um encontro fortuito com o exterior.

Escrever uma *Ética*, um tratado cujo conhecimento seja útil à nossa beatitude, à nossa liberação e que nos conduza a isso, que esse conhecimento seja o conhecimento da essência, que o conhecimento da essência seja sinônimo de definição, que essas definições que localizam esse conhecimento sejam iniciais ou deduzidas, que da essência sejam deduzidas propriedades e que essa dedução se opere segundo a ordem das causas e que o intelecto seja causa nessa ordem, eis o que constitui a singularidade do livro de Espinosa. E, no entanto, o caráter famoso desse "poema geométrico" (Claudel) deu lugar, como tudo que parece muito conhecido, a uma espécie de excesso de conhecimento, um hábito de associar a *Ética* não à letra de seu subtítulo, *ordine geometrico*, mas ao *more geometrico...*

Apresentam-se habitualmente três argumentos para explicar o uso espinosano do "método" geométrico: em primeiro lugar, pedagógico; em segundo, era a maneira no século XVII; por fim, o método geométrico representaria a coincidência entre o ato de conhecimento e a maneira como

---

3. *Tratado da emenda do intelecto.*

se estrutura a realidade. O método refletiria a verdade e a realidade tal como coincidem na substância, como o fazem os atributos do pensamento e da extensão. Os princípios matemáticos seriam os caracteres pelos quais Deus criou a natureza. Entretanto, pode-se objetar que, para Espinosa, Deus não é geômetra e a geometria não é a ciência divina!

As razões pedagógicas se apóiam no fato de Espinosa ter posto os *Princípios da filosofia cartesiana* sob essa forma "geométrica" por pensar que era a melhor forma para ensinar. Mas isso vale para a *Ética*? Wolfson[4], por exemplo, distingue a forma literária geométrica do modo matemático de conceber o universo. Espinosa teria aplicado, segundo ele, o método geométrico como forma literária à filosofia de Descartes. O *Breve tratado* também teria sido escrito sob a forma literária geométrica. Mas, acrescenta Wolfson, a filosofia de Espinosa é essencialmente polêmica. A ordem geométrica é a ferramenta do pensador solitário que não pode revelar como os problemas se apresentam a ele nem como ele os resolve. É a ferramenta do pensador estranho, prudente e bem pouco comunicativo. A ordem geométrica permite escapar ao diálogo e à discussão, escapar às objeções e às respostas. Espinosa tinha algo de novo a dizer e queria dizê-lo de uma maneira nova. Para Wolfson, não há conexão lógica entre a substância da filosofia espinosana e a forma euclidiana. Mas o método geométrico é, segundo ele, essencial para mostrar como o mundo está implicado em Deus e não criado. O método é um meio para escapar, de uma só vez, às autoridades religiosas e ao ceticismo.

Poderia ser afirmado, inversamente, que a teoria do paralelismo mente/corpo fundaria o estatuto *ontológico*

---

4. Wolfson, *The Philosophy of Spinoza* [*A filosofia de Espinosa*], Cambridge, 1934. Em particular a primeira parte.

da verdade matemática. A correspondência entre o conhecimento e seu objeto deve-se ao fato de que o pensamento divino não é nada além da conexão atual das verdades. Cada pensamento é uma parte da conexão interna ao pensamento divino e corresponde, ponto por ponto, à relação universal da existência material no espaço. A expressão da absoluta universalidade da ordem, chamada *substância* ou *Deus*, estaria refletida no método geométrico. As regras gerais do método seriam, assim, convertidas em leis fundamentais das coisas. A ordem geométrica teria um fundamento objetivo na ordem das próprias coisas. Como escrevia J. Trouillard a respeito de Próclos:

> Os *Elementos de teologia* não lembram a *Ética* de Espinosa apenas pela apresentação. Os teoremas, demonstrações e corolários desenvolvem igualmente uma coerência formal a serviço de um processo de liberação análogo. É preciso formalizar segundo o modo sintético para poder resolver tudo nos princípios pelo procedimento analítico [...] Pois, converter-se é, por assim dizer, reconduzir-se, pela análise, ao que se cindiu por sua essência.[5]

A primeira impressão que a *Ética* dá é a de ser um livro composto com um aparato e sob uma forma bem singulares na história da filosofia. Não conhecemos outras obras-mestras escritas assim. Dessa forma e desse aparato podemos dizer que possuem uma origem matemática e, mais particularmente, que provêem do livro de Euclides, os *Elementos*. Donde, uma vez que Espinosa não inventou esse aparato, pode-se concluir que tomou esse livro como modelo e que a *Ética* não reconhece mais que um modelo: o tratado de geometria. E, assim, o subtítulo da *Ética*, *ordine geometrico demonstrata*, significaria: *Ética* composta

---

5.  J. Trouillard, in Proclus, *Élements de théologie*.

segundo o modelo da geometria, da demonstração geométrica. Mas essa primeira impressão não se dá sem dificuldades. Que a *Ética* utiliza um aparato de definições, axiomas, proposições e demonstrações emprestado da geometria, isso é óbvio; resta saber se a expressão *ordine geometrico demonstrata* resume esse empréstimo e se o que ela designa se resume a esse empréstimo. Espinosa, por exemplo, tinha à sua disposição uma outra expressão que teria indicado o simples empréstimo: *more geometrico*, ao modo geométrico – aliás, ele a utilizou no subtítulo dos *Princípios da filosofia cartesiana*. Temos o hábito de dizer que a *Ética* é *more geometrico demonstrata*, será que essa atitude é justa? Ainda é preciso confirmá-la e se perguntar se *more geometrico* e *ordine geometrico* são sinônimos e absolutamente intercambiáveis. Evidentemente, não podemos responder aqui a questão; podemos, todavia, dizer o que justifica que coloquemos essa questão.

A *Ética* é demonstrada. Ótimo! Mas o que significa ser demonstrada? Que o bem supremo consiste no conhecimento de Deus, e essa proposição não é somente exposta, é também efetuada: as últimas proposições da *Ética* se dão no elemento de um conhecimento que não é tanto um objeto quanto um ato. Portanto, a demonstração realiza alguma coisa ou se aproxima o máximo possível dessa realização. Espinosa demonstra que há apenas uma substância, Deus; que ela tem uma infinidade de atributos; que é tanto causa de si como causa de tudo; que, portanto, tudo segue dela desde a eternidade necessariamente; que, entre as coisas que se seguem, há a mente; que a mente é uma idéia, idéia de um corpo, que o corpo é uma modificação da extensão, que ele dura estando afetado por outros corpos; que a mente tem necessariamente a idéia dessas afecções; que essa idéia é inadequada, inadequada porque parcial, mas, quando relacionada ao todo, a Deus, é adequada; que não há bem certo além do conhecimento, e mal certo além do que nos impede de conhecer... Há, portanto, manifestamente, uma ordem de demonstrações. Essa ordem é um modo?

Agora: a *Ética* é demonstrada na ordem geométrica; o que é a ordem geométrica? Em poucas palavras, digamos que a ordem geométrica efetua, a partir de definições, a dedução necessária das propriedades da figura definida. Todavia, há bastante diferença entre a ordem geométrica da *Ética* e a ordem geométrica de um tratado de geometria. Quando o intelecto deduz necessariamente de uma definição as propriedades que dela decorrem, obedece, por assim dizer, à sua própria lei, isso quer dizer que ele é real e perfeitamente um intelecto. Ora, a geometria, procedendo exatamente assim, não basta para realizar a perfeição do intelecto, essa "melhor parte de nós mesmos". Porque em geometria é relativamente indiferente operar a dedução a partir de definições causais ou genéticas. A necessidade da dedução não depende do caráter causal da definição. Assim, a geometria não impõe ao intelecto que parta de tais definições e é, portanto, uma matéria na qual o intelecto pode obedecer a suas próprias leis, a seu "automatismo". Mas o que incita o intelecto a seu "automatismo"?

Uma figura geométrica não oferece nenhuma resistência, o intelecto encontra nela o que ele mesmo colocou, ele figura seus próprios procedimentos e o pensamento se reencontra na extensão que, entretanto, não o determina nem o limita, assim como uma figura traçada na areia não acrescenta nada nem traz uma determinação real à extensão – um círculo traçado na areia não abolirá jamais a necessidade. Na geometria, o intelecto pode fruir de seu próprio movimento, mas a geometria não impõe nada a ele, é, pois, por uma outra razão que ele busca fruir de uma tal potência. Se a geometria procede por dedução necessária a partir de definições que podem ou não ser causais, não é nela mesma, nem dela mesma, que ela oferece à filosofia um modelo, mas somente a partir do momento em que, na geometria, o intelecto opera deduções necessárias a partir de definições causais. Quando ele assim opera, o intelecto é realmente uma parte da natureza, ele opera, age e compreende como parte da natureza, mas, no entanto, na geometria ele não se sabe parte da natureza. Há uma dificuldade a tratar na nossa primeira impressão que diz respeito à idéia de modelo, uma vez que a geometria só pode, no caso de Espinosa, servir de modelo à filosofia a partir do momento em que o intelecto procede em geometria do mesmo modo que procede em filosofia: de tal modo que, se nos ativermos absolutamente ao fato de a geometria ter servido de modelo para o livro de Espinosa, será preciso dizer que é no interior da *Ética* mesma que ela ganha sua dimensão de modelo.

É por isso que alguns comentadores corrigem essa impressão: não é a geometria, mas o conhecimento e o método geométricos que constituem o modelo da *Ética*, "modelo imprescritível" de todo conhecimento de essências. E a *Ética* seguiria, em seu método, o da geometria, seu aparato e sua composição traduziriam a aplicação estrita desse modelo. Assim, o subtítulo da *Ética* significaria: demonstrada segundo o modelo do método geométrico. O próprio Espinosa confirmaria essa interpretação:

> De minha parte, julgo ter mostrado assaz claramente (ver prop. 16) que da suma potência, ou seja, da infinita natureza de Deus, fluíram necessariamente ou sempre seguem com a mesma necessidade infinitas coisas em infinitos modos, isto é, tudo, assim como da natureza do triângulo, desde toda eternidade e pela eternidade, segue que seus três ângulos igualam dois retos.[6]

---

6. *Ética*, I, Proposição XVII, Escólio.

Se a *Ética* deve deduzir de Deus o que decorre necessariamente dele, desde que seja útil à busca do bem supremo, ela vai tomar como modelo a ciência da dedução necessária, a geometria. E, assim, demonstrada segundo a ordem geométrica significaria demonstrada segundo o modelo da dedução necessária geométrica, isto é, segundo uma ordem que deduz o que decorre de definições dadas que exprimem a natureza de uma figura. Em decorrência, a geometria seria para a *Ética* um modelo sob muitos aspectos. Ela teria fornecido o modelo de um livro, de um conhecimento, de um método e de uma necessidade. E a razão fundamental diz respeito ao fato de a geometria operar suas deduções e demonstrações de um modo que convém ao verdadeiro conhecimento de Deus e do que segue de sua natureza. Não se trata de dizer que há uma relação diretamente necessária entre o conteúdo da *Ética* e seu aparato, mas uma proporção de necessidade: o que decorre necessariamente da natureza de Deus está para a natureza de Deus assim como as propriedades que decorrem necessariamente de uma figura geométrica estão para essa figura.

Para exprimir a dedução necessária e a causalidade divina, a *Ética* tomaria a forma de uma outra dedução necessária, do único "modelo" que o conhecimento humano teria fornecido, a geometria. Mas é preciso que se esteja bem atento ao que implica uma tal interpretação: significa, ao fim e ao cabo, uma identidade entre a ordem geométrica e o método geométrico. Aliás, algumas traduções dariam um passo além, transformando *ordine geometrico demonstrata* em "demonstrada segundo o método geométrico". Ora, em sentido estrito, Espinosa jamais identifica ordem e método, o método é necessário para a ordem, é o instrumento dela, e a geometria é, sem dúvida, a forja da qual a filosofia é o martelo, para retomar uma imagem de Espinosa. Assim, a relação entre a geometria e a filosofia realizada na *Ética* seria menos imitativa que reflexiva, e a geometria seria menos um modelo que um instrumento. E a ordem geométrica traduziria menos a relação com um modelo que o traçado de um caminho.

### 3. *Os olhos da mente [...] são as próprias demonstrações...*

As demonstrações são os olhos da mente; por elas a mente vê e observa as coisas.[7] Sem elas, essas coisas permaneceriam invisíveis e desconhecidas para nós. Quais são essas coisas "invisíveis"?

> Com efeito, as coisas invisíveis e que são objetos apenas da mente não podem ser vistas por outros olhos que pelas demonstrações.[8]

Esses objetos invisíveis são os atributos de Deus (pensamento, extensão e uma infinitude de outros que não podemos ver); a demonstração é o meio de fazê-los aparecer e de conhecer esses atributos – o que um intelecto percebe de Deus como constituindo sua essência. Só a substância, Deus ou a Natureza, possui atributos. Os atributos não são os adjetivos que seguem o verbo "ser" quando o sujeito é Deus, por exemplo nas orações Deus é infinito, Deus é onisciente, Deus é bom, etc. Não, os atributos não são propriedades, eles são o que um intelecto percebe da substância como constituindo a essência dela. Só o pensamento pode compreendê-los e, compreendendo-os, é o pensamento puro. Nomear os atributos não é pensá-los, e se o termo atributo se torna cada vez mais raro na *Ética*, é apenas à medida que ela tende para o terceiro gênero – a palavra "atributo" desaparece na quinta

---

7. *Ética*, V, Proposição XXIII, Escólio.

8. *Tratado teológico-político*, capítulo XIII.

parte da *Ética*. O terceiro gênero de conhecimento procede da idéia adequada da essência formal de determinados atributos de Deus ao conhecimento adequado da essência das coisas.[9] Há, pois, um liame essencial entre a demonstração segundo a ordem geométrica e os atributos. Ter uma idéia dos atributos significa, antes de tudo, formar noções comuns, ao passo que conhecer a essência das coisas significa, por assim dizer, pensá-las do ponto de vista dos atributos. O movimento de demonstração da *Ética* passará por meio da idéia dos atributos rumo à sua essência.

A essência de uma coisa não é sua idéia,

> pois ela é seu ser mesmo em seu próprio atributo da substância (essência formal ou realidade) ao passo que sua idéia é seu ser concebido no atributo do pensamento (em que está sua essência objetiva ou verdade).[10]

Mas a essência de uma coisa pode ter uma idéia. Uma idéia adequada é uma idéia que, considerada nela mesma, sem relação com um objeto, possui todas as propriedades ou denominações intrínsecas de uma idéia verdadeira. Conseqüentemente, proceder da idéia adequada ao conhecimento adequado deveria se dar de maneira que a idéia fosse nela mesma verdadeira, independente do fato de ela ser a idéia da essência formal de determinados atributos de Deus. Um atributo é o que um intelecto percebe da substância como constituindo sua essência, esse intelecto é o intelecto infinito. Sem atributos, a substância não pode ser nem ser concebida, e, sem a substância, os atributos não podem ser nem ser concebidos.

---

9. *Ética*, II, Proposição XL, Escólio 2.

10. Cf. B. Rousset, p. 217 de sua edição do *Traité de la réforme de l'entendement*, loc. cit.

Uma idéia é uma coisa diferente (*diversum*) de seu *ideado*. A idéia de círculo não é o círculo, ela não é extensa. Uma idéia pode, portanto, ser inteligível de maneira diferente de seu ideado, de outra maneira que não sua relação com um ideado, relação de conveniência, de adequação extrínseca: ela pode ser inteligível por ela mesma em sua conexão com uma outra idéia. É da natureza de uma idéia verdadeira, de uma verdadeira idéia, ser inteligível. Com efeito, seria contraditório que, sendo ato de compreender, ato do intelecto, ato de inteligibilidade, ela própria não fosse inteligível. Não é por conveniência que ela é inteligível: se o pensamento não pode ser limitado pela extensão, não pode também ser congruente com ela.

Uma vez que a idéia é diferente (*diversum*, de outra natureza) de seu ideado, é a diferença entre a idéia e seu ideado que faz que a idéia de círculo possa ser inteligível sem o círculo. Mas, e é o que parece sugerir uma passagem do *Tratado da emenda*, pode-se dizer que o círculo é inteligível sem a idéia do círculo? Conhecer o círculo é conhecer a essência do círculo, e pode-se estabelecer que, para conhecer a essência do círculo, não é necessário entender a idéia do círculo. Não pode haver inteligibilidade sem o que é inteligível por si, isto é, sem idéia. O círculo e a idéia do círculo se distinguem entre si: "ou pela diversidade de atributos das substâncias, ou pela diversidade das afecções das substâncias".

As coisas que se distinguem umas das outras, distinguem-se real ou modalmente.[11] As coisas que se distinguem realmente são as que ou possuem atributos distintos, tal como o pensamento e a extensão, ou se relacionam com atributos distintos, como o intelecto e o movimento.[12] Há, portanto, entre o círculo e a idéia de círculo, uma distinção

---

11. *Breve tratado*, Apêndice, Axioma 2.
12. Idem, Axioma 3.

real e não modal, uma vez que não se trata de dois modos do mesmo atributo. Basta dizer que "a idéia do corpo não é o corpo". Não há nada de comum entre o círculo e a idéia de círculo e, se não há nada de comum entre eles, um não pode ser conhecido pelo outro. Isso parece absurdo. Como eu poderia conhecer o círculo se não pela idéia de círculo? O que Espinosa quer então dizer? O conhecimento e seu objeto, ou melhor, a idéia e o objeto dessa idéia, estão afastados um do outro, sem nenhuma relação entre si. O círculo não é a causa da idéia do círculo, a idéia de círculo não é a imagem de círculo: a imagem e o círculo possuem alguma coisa em comum, há entre eles uma diferença modal. O círculo pode ser causa da idéia da afecção de meu corpo, a idéia de meu corpo afetado pelo círculo, mas essa idéia me daria mais a conhecer de meu próprio corpo que do círculo. Logo, será a conexão da idéia de círculo com uma outra que fará que ela tenha uma relação com o círculo.

Espinosa define a adequação como o sinal interno da verdade (*index sui*) e define a verdade como a conseqüência necessária, mas extrínseca, da adequação.

> Objeto no mesmo sentido que qualquer outra realidade, o Pensamento ou, antes, a Idéia só pensa a si mesma porque, inicialmente, ela existe por si.[13]

Conseqüentemente, o todo não é possuir uma idéia de Deus, o todo é possuir essa idéia de tal maneira que dela se deduza tudo. Mas, como, senão mostrando que o intelecto humano é uma parte do intelecto divino? A solução do problema é trazida pelo *Tratado da emenda*: a melhor

---

13. A. Léon, *Les Éléments cartésiens de la doctrine spinoziste sur les rapports de la pensée et de son objet* [*Os elementos cartesianos da doutrina espinosana sobre as relações entre o pensamento e seu objeto*], Paris, Alcan, 1907.

conclusão é aquela que se tira de uma definição verdadeira e legítima ou de uma essência particular afirmativa. Sem essa definição, só se poderia partir de axiomas universais que não levam o intelecto a observar uma coisa mais que outra.

O conhecimento do terceiro gênero "procede da idéia adequada da essência formal de certos atributos de Deus para o conhecimento adequado da essência das coisas".[14] Como Espinosa passa do segundo gênero de conhecimento (noções comuns) ao terceiro? Uma coisa é perceber a essência de Deus como envolvida em toda idéia adequada, outra, proceder do conhecimento adequado do atributo ao conhecimento *sub specie aeterni* desta coisa singular atual. A mente só concebe as coisas sob o aspecto da eternidade se conceber o corpo *sub aeternitatis specie*. O terceiro gênero de conhecimento depende da mente como sua causa formal, enquanto a mente é ela mesma eterna.[15] É verdade que a mente é eterna porque Deus a produz como modo eterno, mas é porque a mente é imediatamente eterna que é apta a conhecer tudo que segue do conhecimento eterno de Deus supostamente dado. É porque a mente toma a si mesma eternamente na eternidade divina que formamos efetivamente o terceiro gênero de conhecimento. Mas e o corpo? Assim como uma idéia convém com o seu ideado por estar concatenada a uma outra, assim também a relação do corpo com outros corpos pode se dar de maneira que as afecções que se seguem dessa relação convenham com a mente.

---

14. *Ética*, II, Proposição 40, Escólio 2.
15. *Ética*, V, Proposição 31.

## 4. A substância é anterior por natureza a suas afecções...

As primeiras cartas da correspondência de Espinosa datam de 1661 e são constituídas pela comunicação com Oldenburg. É por ocasião dessa correspondência que, pelo que todos sabem, Espinosa "ensaiou" pela primeira vez o estilo dos geômetras – pela primeira vez se admitirmos que o apêndice do *Breve tratado* foi composto durante essa correspondência ou logo depois. Quando se lê essas cartas tem-se a impressão, em contraponto com o início da *Ética*, de se ter acesso ao ateliê do filósofo.

Na primeira carta, de agosto de 1661, Oldenburg lembra uma conversa que teve com Espinosa, em Rinjsburg, sobre Deus, a extensão e o pensamento infinitos, sobre o acordo entre esses atributos, entre outras coisas. Conversa, a seus olhos "fugidia", que necessita de um aprofundamento. E Oldenburg coloca a Espinosa duas questões, das quais apenas uma nos interessa aqui: que diferença fazes exatamente entre a Extensão e o Pensamento? Espinosa responde seguindo a ordem da conversa fugidia lembrada por Oldenburg: Deus e depois os atributos. Para Deus:

> Defino Deus o ente que consiste em infinitos atributos, dos quais nenhum é infinito em seu gênero.

Para os atributos:

> Entendo por atributo tudo que é concebido em si e por si, de maneira que (*adeo ut*) o conceito não envolva o conceito de nenhuma outra coisa.

A extensão, por exemplo, é concebida em si e por si, mas não o movimento, que é concebido em outra coisa e cujo conceito envolve o da extensão. Espinosa fundamenta a verdade da definição de Deus no fato de entender por Deus um ser soberanamente perfeito e absolutamente infinito. É preciso notar, portanto, que Espinosa não enuncia o que entende por Deus na definição. E, no entanto, seria justamente a partir dessa compreensão, a partir dessa definição intelectiva, que a existência de Deus poderia ser facilmente demonstrada. Aliás, para responder a questão de Oldenburg, Espinosa enuncia três proposições a serem demonstradas:

1. não podem existir duas substâncias na natureza a menos que elas não difiram pela essência;

2. uma substância não pode ser produzida, está em sua essência existir;

3. toda substância deve ser infinita, isto é, soberanamente perfeita em seu gênero.

Notemos, pois, que a substância é objeto de demonstração, não de definição. Essas três proposições, destinadas a responder a questão de Oldenburg sobre a distinção substancial, serão enviadas separadamente sob "a forma empregada pelos geômetras", isto é, com definições, axiomas, proposições e demonstrações. Por que esse envio em separado? Podemos reconstituir isso a partir das cartas 3 e 4. Mas antes é preciso observar três coisas. A primeira é que essas três proposições resumem a argumentação das oito primeiras proposições da parte I da *Ética*, o *De Deo*: é impossível que duas ou mais substâncias tenham o mesmo atributo, porque, então, elas deveriam se distinguir pelos modos, o que é absurdo (*Ética*, I, Proposição 5). Uma substância não pode ser causada do exterior, não pode ser produzida nem limitada por outra substância, porque a substância limitante e a substância limitada deveriam, então, possuir o mesmo atributo (*Ética*, I, Proposição 6). Toda substância é necessariamente infinita (*Ética*, I, Proposição 8). O trajeto da dedução, na correspondência, é mais curto que no *De Deo*. Além disso, essas três proposições são precedidas, nas cartas a Oldenburg, por quatro axiomas:

*Axioma 1*: "A substância é anterior por natureza a seus acidentes." Pois, sem ela, os acidentes não podem existir, nem ser concebidos. Este axioma corresponde a "A substância é anterior por natureza a suas afecções" (*Ética*, I, Proposição 1). Oldenburg, como a escolástica e Descartes, recebe esse enunciado como um axioma. Por que Espinosa fez dele uma proposição na *Ética*? Se não for por razões de conteúdo, talvez seja por razões pragmáticas. Uma proposição evidente, por definição, não carece de demonstração, mas ainda é preciso que essa evidência apareça explicitamente. A anterioridade da substância sobre suas afecções é primeira, enquanto, para a Escola, podia-se conceber um conhecimento dos acidentes sem o conhecimento da substância.

Note-se também a mudança de terminologia: os acidentes se transformam em afecções. O modo não é jamais, como em Descartes, um atributo, e enquanto a idéia de acidente implicava uma separação, uma divisibilidade, uma independência em relação a sua essência, a idéia de afecção implica a presença do que é afetado. Além disso, o termo afecção possui uma conotação geométrica. O *De Deo* fará, ademais, dois acréscimos à definição da substância ("o que é em si") e à definição de modo ("o que é em outro").

*Axioma 2*: afora substâncias e acidentes, nada mais é realmente dado, ou seja, *extra intellectum*, fora do intelecto. Isso corresponde à *Ética*, I, Proposição 4, "duas ou várias coisas distintas distinguem-se entre si ou pela diversidade dos atributos das substâncias ou pela diversidade das afecções das mesmas substâncias".

Trata-se, mais que de uma transformação, de um deslizamento para a ordem. O axioma da carta diz que não há nada fora do entendimento além de substâncias e acidentes, em outros termos, caso se encontre outra coisa (no e pelo intelecto), não é *extra intellectum*: será um ser de razão ou uma ficção. Não há nada fora do intelecto, não há nada que não possa ser dado ao intelecto além do que ele concebe por si ou por outra coisa. Aqui se tem a impressão de que a palavra Natureza foi banida. Ainda uma vez "ser por si" ou "ser por outro" está envolvido, implicado, no "concebido por si ou por outro". Isso só se explicará, do ponto de vista do intelecto, na carta 9 a Simon de Vries ("por substância entendo isso que é em si e concebido por si").

A proposição da *Ética*, diferentemente do axioma do apêndice acrescido à carta a Oldenburg, tem antes como objeto a maneira pela qual as coisas se distinguem. Não se trata da totalidade do dado fora do intelecto, mas da totalidade das diferenças fora do intelecto. A proposição não fará mais que traduzir o axioma 1 da *Ética* I, "tudo que é, ou é em si ou em outro", com Espinosa substituindo a definição pelo definido (substância e modo). Mas, por outro lado, se há apenas substâncias e modos, só há diferenças de atributos e afecções. É verdade que Espinosa diz "a substância ou, o que é o mesmo, o atributo", mas isso dá no mesmo em relação à diferença entre as coisas. Supondo que essa proposição não seja hipotética, ela não pode, em caso algum, significar que as substâncias se distinguem entre si: pode significar apenas que as coisas podem se distinguir seja pelo que o intelecto percebe da substância como constituindo a essência dela, seja pelo que ele percebe das afecções da substância. Não há aqui nada pelo que as substâncias possam se distinguir.

*Axioma 3*: "coisas que possuem atributos diferentes não têm nada em comum entre si (por atributo, com efeito, é explicado aquilo cujo conceito não envolve o conceito de outra coisa)." Corresponde à *Ética*, I, Proposição 2, "duas substâncias que têm atributos diversos nada têm em comum entre si". Há três mudanças a se notar: em primeiro lugar, esse axioma se transforma em uma proposição; em segundo, ele passa da terceira à segunda posição; e, por fim, o termo "coisa" é substituído por "substância". Como só as substâncias podem ter atributos, de certa maneira cabe ao leitor substituir "coisa" por "substância". Em relação ao intelecto, a indeterminação de "coisa" é necessária, já que, em certa medida, é o atributo que vai determiná-la como substância. Portanto, em relação ao intelecto, esse axioma é evidente pela definição de atributo, enquanto na *Ética*, em que a demonstração é feita de um outro ponto de vista, a proposição será evidente pela definição da substância, ou seja, pela idéia verdadeira da substância.

*Axioma 4*: "de duas coisas que não têm nada em comum entre si, uma não pode ser causa da outra." Corresponde à *Ética*, I, Proposição 3: "de coisas que entre si nada têm em comum, uma não pode ser causa da outra." A palavra "coisa" indica aqui a universalidade da demonstração? Espinosa entende por coisas, duas coisas diferentes. "Coisa" receberá, na carta a Oldenburg, a determinação de substância; na *Ética*, "coisa" não receberá nenhuma determinação.

Uma das dificuldades de leitura do *Breve tratado*, especialmente quando ocorre depois da dificuldade de leitura da *Ética*, parece ser a de compreender o que Espinosa entende por substâncias e atributos. As redações sucessivas, as notas, das quais várias são justamente consagradas tanto à distinção dos acidentes e dos atributos, quanto à distinção dos atributos e da substância, indicam que Espinosa teve a necessidade de clarificar seu pensamento, de encontrar para ele uma expressão exata. A primeira menção do atributo se dá na nota 2 do capítulo I do livro I do *Breve tratado*, que remete ao segundo capítulo e à definição de Deus como um ser com infinitos atributos. Essa menção antecipa o que Deus é para trazer uma outra prova de que Deus é. Se a definição de Deus como um ser constituído por uma infinidade de atributos infinitos é facilmente reconhecível na doutrina espinosana, e se os atributos infinitos são aqueles dos quais conhecemos apenas dois, aqueles que nos dizem ser infinitos sem nos dizerem o que são, a noção de atributo parece ficar ainda mais obscura quando Espinosa aparentemente faz da existência um atributo de Deus.

> Ora, à natureza do ser que tem infinitos atributos pertence o atributo Ser.

Logo, se o ser é um dos atributos de Deus, e se o pensamento e a extensão são os únicos atributos infinitos que conhecemos, não há contradição em atribuir a mesma palavra à existência ou à essência de Deus, de um lado, e ao pensamento e à extensão, de outro? Que Deus tenha a existência (ou a essência) por atributo infinito, é somente no sentido fraco de atributo, num sentido não espinosano, isto é, que Deus é a existência? Deus tem mais ser, Ele é o *ens realissimum*, Deus deve possuir infinitos atributos. Por que os atributos de Deus são substâncias? Por que Espinosa define os atributos como substâncias e, sobretudo, as substâncias como atributos? O que se atribui a Deus a maior parte do tempo são modos em relação com todos os atributos (eterno, existente por si mesmo, infinito, causa de tudo, imutável), com um único (onisciente, sábio, etc.).

Espinosa fala ao mesmo tempo dos atributos que definem Deus e das regras da verdadeira definição. Em decorrência disso, a questão dos atributos toca ao mesmo tempo à da demonstração, como vimos, e à da definição. Os filósofos definem Deus habitualmente pelas propriedades ou pelos modos ligados aos atributos, e dizem, ao mesmo tempo, que não se pode dar uma definição verdadeira de Deus, na medida em que a única definição é a definição por gênero e diferença específica, e Deus não é espécie de nenhum gênero, nem gênero de nenhuma espécie, mas o gênero de todos os gêneros. Além disso, dizem que uma definição deve exprimir a coisa absolutamente e de maneira positiva. Ora, Deus só nos é conhecido de maneira negativa.

Outro argumento (Santo Tomás, por exemplo): Deus não pode ser demonstrado *a priori* porque não possui causa. Ele é, portanto, ou provável, ou demonstrado pelos efeitos. Então:

1. Define Deus pelas propriedades, não pelos atributos. Sabe-se que essas propriedades só podem pertencer a Deus, mas não se pode saber por elas o que é Deus, nem quais são os atributos deste ser ao qual pertencem as propriedades.

2. Ou ainda: atribuem a Deus coisas que não pertencem a ele, por exemplo, modos da "substância" pensante (onisciente, misericordioso, sábio, etc.). Esses modos não podem ser, nem ser concebidos sem a substância, não podem, portanto, ser atribuídos a Deus que, para existir, não precisa de nada além de si mesmo. Os modos pertencem a Deus secundariamente, por relação aos atributos.

3. Chamam Deus de "soberano bem". Mas a idéia de soberano bem já está compreendida na de propriedade (imutável, causa de todas as coisas...). Além disso, fazem confusão entre o bem e o mal, o homem não pode ser causa de seu mal sem que seja causa de si mesmo.

Se a única diferença possível é aquela por gênero e diferença específica, se, conseqüentemente, não se pode dar definição do gênero de todos os gêneros e se, além disso, Deus é a causa do conhecimento de tudo, então não se poderá conhecer a causa do conhecimento de todas as coisas: não se poderá conhecer absolutamente nada. Deve haver uma outra definição, pela verdadeira lógica, que nos faça sair dessa contradição e torne o conhecimento de todas as coisas não apenas possível, mas necessário. Como encontrar regras de definições que convenham às distinções que concernem à natureza?

Essa distinção é a distinção entre atributos e modos. Os *atributos* são atributos de um ser existente por si e que, portanto, fazem-se conhecer, manifestam-se por si. E há também os modos dos atributos que não podem ser, nem ser concebidos, sem os atributos. Portanto, haverá definições de atributos que pertencem a um ser existente por si, e não é necessário recorrer ao conceito de "gênero", já que eles pertencem a um ser que existe por si; eles são necessariamente conhecidos por si mesmos. Haverá, igualmente, definições de modos que não existem por si, mas pelos atributos dos quais são modos: os atributos serão "como seu gênero".

Os ensaios de formalização geométrica anteriores à *Ética* são, portanto, os textos enviados em separado a Oldenburg, em 1661, e o Apêndice do *Breve tratado*. Ambos giram em torno da distinção substancial. Como pode haver uma substância *una* e uma *multiplicidade*? Como as coisas se distinguem entre si?

O problema cartesiano da distinção substancial é deslocado: não se trata de saber se *pensamento* e *extensão* se distinguem como substâncias, mas de saber como os atributos não são substâncias. Apesar desse problema, que recebe na *Ética* uma solução segundo a qual o atributo se torna uma diferenciação da diferença, acrescenta-se uma dificuldade que diz respeito, como acabamos de ver, à flutuação terminológica de Espinosa. Essa flutuação não indica que Espinosa confundia atributo e substância. Ela se dá, por um lado, porque Espinosa entende por atributos o que outros chamam de substâncias e, por substância, o que ele mesmo chama de substância; por outro lado, porque a identidade de definições não implica identidade dos definidos, como observou Lachièze-Rey[16]; faltava a Espinosa o ponto de vista a partir do qual definir o atributo com uma definição diferente da de substância, e esse ponto de vista é o do intelecto infinito.

Mas esse ponto de vista não significa que o atributo seja um ponto de vista sobre a substância. Sempre segundo Lachièze-Rey, o atributo é percebido em Deus, a substância é percebida de Deus. O que faltava, porém, para se unir imediatamente ao intelecto infinito era uma definição, a de *causa de si*. Tanto que a comparação entre o envio separado de 1661 a Oldenburg e o começo da primeira parte da *Ética* mostra que falta, em 1661, a distinção entre a proposição 6 e a proposição 7, ou seja, aquela que, de um lado, demonstra que a substância é *causa de si* e, de outro, aquela cuja demonstração utiliza a definição de *causa de si*. Sem dúvida, é a ausência da definição de causa de si e do que se segue dela que marca toda a diferença entre as "formalizações geométricas" dos anos 1660-1661 e a ordem geométrica da *Ética*.

## 5. *Por causa de si entendo...*

> Pela autonomia de seus processos, pela independência de seus objetos, pelo rigor de seus procedimentos, o conhecimento matemático traduz na ordem do saber essa originalidade do ser espiritual, da alma em particular, que é causa de si e que, pela luz de seu verbo criador, engendra o universo como manifestação de si.[17]

---

16. Lachièze-Rey, *Les origines cartésiennes du Dieu de Spinoza* [*As origens cartesianas do Deus de Espinosa*], Paris, Vrin, 1950.

17. S. Breton, *Philosophie et mathématiques chez Proclus* [*Filosofia e matemática em Proclo*], Paris, Beauchesne, p. 30.

É com oito definições que se inicia a primeira parte da *Ética, De Deo*. As oito definições referem-se à causa de si, ao que é dito finito em seu gênero, à substância, ao atributo, aos modos, a Deus, ao que é dito livre e necessário, à eternidade. Exceto a definição 2 (o que é finito em seu gênero) e a definição 7 (o que é dito livre e necessário) que se iniciam por *Ea res dicitur...* (essa coisa é dita...), todas contêm o verbo *intelligere* [inteligir]: *intelligo id* [intelijo/entendo isso] (por causa de si, por substância, por atributo), *affectiones substantiae* [afecções da substância] (por modo), *ens absolute infinitum* [o ente absolutamente infinito] (por Deus), *ipsam existentiam* [a própria existência] (por eternidade). As definições 1 (causa de si) e 5 (modos) são dobradas por *sive id* [ou seja, isso...], as definições 3 (substância) e 6 (Deus) são dobradas por *hoc est* [isto é]; a definição 2 é completada por um exemplo, a definição 8 (eternidade), por uma explicação, e a definição 7 se desdobra em uma oposição entre o que é dito livre e o que é dito necessário, ou melhor, coagido. Apenas a definição de atributo é simples e não requer nem exemplo, nem complemento, nem explicação.

A causa de si, a substância, o atributo e o modo são definidos como sendo "alguma coisa", *id* [isso]; apenas Deus e a eternidade são entendidos de uma maneira mais determinada: Deus como um ente e a eternidade como a própria existência. Se a causa de si é entendida como *isso cuja* essência envolve a existência, o atributo como *isso que* o intelecto percebe da substância, apenas a substância é entendida como *isso que*, isso que é em si e é concebido por si. Quando uma definição é dobrada, com exceção da de Deus, ela o é pela inscrição do conceito e esta duplicação é efetuada por operadores de identidade (*sive id, hoc est*).

Essas oito definições estão dispostas em uma determinada ordem e numeradas. Isso quer dizer que a compreensão das seguintes depende da compreensão das antecedentes? Essa ordem parece ser evidente para as definições 3, 4 e 5.

Ética 113

E, supondo, como pudemos afirmar, que a *Ética* seja comandada pelo método que "procede ao modo dos geômetras, e [...] deve partir de coisas previamente certas"[18], podemos dizer que a ordem das definições rege a ordem das proposições, segundo a ordem das razões?

Se, com efeito, as proposições 1 a 7 demonstram que a substância é causa de si, se a proposição 8 demonstra que a substância é infinita e se as seguintes demonstram a natureza de Deus, sua liberdade e sua eternidade, então a ordem das definições descreveria a ordem do livro I e essa ordem seria a das razões.[19] Assim, a ordem das definições descreveria a futura ordem das proposições e essa ordem seria a das razões.

Com efeito, pode-se compreender a sucessão das definições 3 a 6: para definir o atributo como o que o intelecto percebe da substância como constituindo a essência dela, para definir o modo como afecção da substância, para definir Deus como a substância que consiste de infinitos atributos, é preciso antes ter definido a substância. Entretanto, que ligação pode existir entre essas quatro definições e as duas que as precedem e as duas que as seguem? E, sobretudo, para a inteligibilidade dessas definições é preciso compreender sua ordem?

No apêndice do *Breve tratado*, a causa de si estava subentendida em um axioma:

o que é causa de si não pode ser limitado.

E, no esboço enviado em 1661 a Oldenburg, a causa de si estava subentendida em uma proposição:

---

18. M. Guéroult, *Spinoza, Dieu (Éthique, I)* [*Espinosa, Deus (Ética, I)*], Paris, Aubier-Montaigne, 1968, p. 20.

19. M. Guéroult, ibidem, p. 84.

*Substantiam non posse produci (neque) ab alia (quacumque) substantia; sed quod sit de ipsiis essentia existere*: uma substância não pode ser produzida (nem) por outra substância (qualquer); é de sua própria essência existir.

Como notava Oldenburg:

Esta Proposição estabelece, com efeito, que todas as substâncias são causas de si...

É, pois, uma novidade da *Ética* que a causa de si seja enunciada em uma definição e que essa definição seja a primeira.

A primeira definição do *De Deo* opera diretamente três vezes na parte I da *Ética*: proposições 7, 24 e 35. Ela serve para estabelecer que a substância existe necessariamente: não podendo ser produzida por outra coisa, a substância deve ser produzida por si; ser produzida por si é ser causa de si, e como a essência do que é causa de si envolve a existência, pertence à natureza da substância existir. Portanto, a definição estabelece que há a causa de si e, pela proposição 7, sabemos que esse *id cujus* [isso cujo] é a substância (*substantia*). A definição 1 estava, por assim dizer, esperando uma união com o que é posto na definição 3. Mas a causa de si não é demonstrada, o fato de que haja causa de si não é demonstrado, o que é demonstrado, ou antes o que serve à demonstração, é que se a substância *é*, então ela *necessariamente* é causa de si. Se assim não fosse, significaria que a substância é sem causa, que ela não é produzida. Que ela fosse sem causa, significaria ou que ela foi criada ou que ela não teve necessidade de ser criada. Na primeira hipótese, significaria que a substância nem sempre existiu, sua existência, portanto, não seria uma verdade eterna, e, em conseqüência, uma "idéia falsa teria se tornado verdadeira". No segundo caso,

Ética                                                                    115

significaria que alguma coisa poderia existir sem causa, que a existência poderia ser compreendida sem a compreensão da causa e que a substância não teria o poder de se causar.

Há uma razão para que a causa de si seja o objeto da primeira definição?

Para Gilles Deleuze, essa posição traduz o fato de que a causa de si é o sentido originário de toda causalidade. Espinosa inverteria, assim, a tradição que via na causa de si apenas um tipo de causa, análoga à causa eficiente. Ele afirmaria com isso que não é a causa de si que seria dita "em um sentido diferente da causa eficiente, é a causa eficiente que é dita em mesmo sentido que causa de si".[20] Para Martial Guéroult, esse primeiro lugar permite que se evite, como acontece em Descartes, definir a substância pela causa de si, pois seria defini-la por uma propriedade e, com isso, correr-se-ia o risco de subordinar a essência de Deus a sua potência. E, no entanto, a causa de si é uma propriedade que pertence exclusivamente à substância, logo, uma propriedade da substância; por que, então, sua definição precede a de substância?

Guéroult vê duas razões verossímeis para isso. Inicialmente, o papel primordial da causa de si na demonstração da existência de Deus e a importância da função *ontológica* e *gnosiológica* da causa. Se conhecer verdadeiramente é conhecer pela causa, é preciso que haja uma causa de todas as causas que permita o conhecimento de todas as outras coisas; é preciso que essa causa seja sua própria causa, de tal maneira que, percebendo-a nela mesma, ela também seja conhecida, isto é, pela sua causa:

---

20. G. Deleuze, *Spinoza, Philosophie pratique*, Paris, Minuit, p. 77-8. [Ed. bras.: *Espinosa, filosofia prática*, trad. Daniel Lins e Fabien Pascal, São Paulo, Escuta, 2002.]

Deus, a causa primeira de todas as coisas e também a causa de si mesmo, dá-se a conhecer por si mesmo.[21]

A causa de si torna possível o conhecimento da primeira causa, e liberdade, eternidade, infinitude, indivisibilidade, são conseqüências imediatas de seu ato de absoluta posição por si. Não é, pois, surpreendente que a definição da *causa de si* venha em primeiro lugar.[22] Além disso, acrescenta Guéroult, Espinosa faz que a *causa sui* [causa de si] explique a infinitude, diferentemente de Descartes, para quem a *causa sui* se explica pelo infinito, permite compreender geneticamente o infinito: não por sua razão formal, mas por sua razão genética.

Todavia, podem-se fazer duas objeções a essa interpretação. Primeiramente, Guéroult explica a posição da definição da *causa sui* pela relação com uma ordem relativa, supondo que haja uma ordenação das definições, então é a causa de si que ordena o resto. Em seguida, não é completamente certo que Espinosa demonstre que a substância é causa de si. Ele demonstra que a substância não pode ser produzida por uma outra substância; desse único fato, Espinosa conclui que ela é causa de si: a definição da causa de si não permite em sua letra demonstrar isso, mas permite demonstrar que a substância existe necessariamente *por natureza.*

De fato, nada demonstra que a substância seja causa de si. Se Espinosa quisesse fazer essa demonstração, ele a teria feito segundo o modelo da segunda demonstração da proposição 6. De acordo com o axioma 4, o conhecimento do efeito depende do conhecimento da causa e o envolve; ora, o conhecimento da substância não depende do conhecimento de sua causa, uma vez que ela é concebida por si

---

21. *Breve tratado* I, 1, §10.
22. M. Guéroult, *Spinoza I*, p. 41-2.

Ética                                                    117

(axioma 2: "isso que não pode ser concebido por outro deve ser concebido por si"), logo, ela é necessariamente causa de si – o que teria permitido o uso do axioma 2, o único axioma da *Ética* que não é utilizado. Portanto, na demonstração da proposição 7, não é demonstrado, mas inferido por eliminação, que a substância seja causa de si: tudo possui uma causa, ora, a substância não pode ser causada por alguma outra coisa, portanto ela é causa de si. Resta saber, pois, por que a demonstração da substância causa de si não é explícita.

A primeira definição não define verdadeiramente o que a causa de si é, mas o que é causa de si, algo cuja essência envolve a existência. É, portanto, uma definição pela causa da causa de si. Não se trata de encontrar a causa da causa de si, mas o "si" que é causa de si, este "*id*" cuja essência envolve a existência, essa "alguma coisa" cuja concepção gera necessariamente sua concepção como existente.

## 6. *Id... ea res...*

Todas as definições do *De Deo*, com exceção das definições de Deus e da eternidade, exprimem-se por demonstrativos, *id* [isso] ou *ea res* [essa coisa]. Há alguma coisa de paradoxal quando, em definições primitivas, o sujeito do enunciado definidor é um pronome demonstrativo, uma vez que a função do pronome é substituir um nome do qual se quer evitar a repetição. É verdade que a função *anafórica* do pronome pode fazê-lo designar o que se seguirá e, dessa forma, ele espera uma enunciação futura. Assim, toda coisa cuja essência envolve a existência é causa de si: restaria saber se há uma coisa cuja essência envolve a existência e que coisa é essa.

As definições se colocariam resolutamente num ponto de extrema indeterminação ou da maior generalidade, um x seria posto sob a forma de um *id* ou de um *ea res* que espera ser especificado. As definições do *De Deo* afirmariam alguma coisa sem enunciar o que essa afirmação fala. Haveria nelas algo de hipotético: pode ser que o que é causa de si seja aquilo cuja essência envolve a existência, mas se não houver nada disso, nada será causa de si. Conseqüentemente, as definições colocariam implicitamente o problema de saber se o que é definido existe.

De certa maneira, aliás, o emprego da definição 1 no *De Deo* mostrará isso. A definição 1 intervém apenas a partir da proposição 7, que não demonstra que a substância é causa de si, mas que pertence a sua natureza existir.[23] Poder-se-á sempre dizer que aquilo cuja natureza ou essência envolve existência é causa de si, que a natureza da substância envolve existência, logo, que a substância é causa de si. Mas a demonstração da proposição 7 procede de uma maneira completamente diferente: uma substância não pode ser causada por outra coisa, ela é, pois, causa de si, e, como ela é causa de si, pertence à sua natureza existir. É por isso que Espinosa dirá que demonstrou na proposição 6 que a substância é causa de si.[24] Da mesma forma como dirá que foi na proposição 11 que demonstrou que Deus é causa de si.[25] E, no entanto, a definição

---

23. *Ética*, I, Proposição 7: "*Ad naturam substantiae pertinet existere.*" [À natureza da substância pertence existir.] Demonstração: "*Substantia non potest produci ab alio* (per Coroll. Prop. Praeced.); *erit itaque causa sui, id est* (per Defin. 1), *ipsius essentia involvit necessariò existentiam, sive ad ejus naturam pertinet existere.*" [A substância não pode ser produzida por outro (*pelo corolário da proposição precedente*). E assim será causa de si, isto é (*pela definição 1*), sua essência envolve necessariamente a existência, ou seja, à sua natureza pertence existir.]

24. *Ética*, I, Proposição 12, Demonstração: "[...] *Si primum, tum* (per 8. Prop) *unaquaeque pars debebit esse infinita,* & (per Prop. 6) *causa sui* [...]" ["[...] Se posto o primeiro, então (*pela proposição 8*) cada parte deveria ser infinita e (*pela proposição 6*) causa de si [...]"].

25. *Ética*, I, Proposição 34: "*Dei potentia est ipsa ipsius essentia.*" ["A potência de Deus é sua própria essência".] Demonstração: "*Ex solâ enin necessitate Dei essentiae sequitur, Deum esse causam sui* (per Prop. 11)

Ética                                                            119

da causa de si não é enunciada nem na proposição 6 nem na proposição 11, nem a expressão *causa de si* é *a fortiori* enunciada.

Isso tem duas conseqüências: de um lado, Espinosa não pode enunciar simultaneamente, no curso de uma demonstração, a causa de si e o "si" causa de si, a substância ou Deus. Por outro lado, o uso dedutivo da *Ética* possui um movimento que ultrapassa em muito sua enunciação, uma vez que nenhuma proposição formula que a substância ou Deus é causa de *si* e que nenhuma demonstração estabelece isso explicitamente. Espinosa demonstra, portanto, sem operar a demonstração nem tampouco se servir da definição de causa de si, que a substância é causa de si. A definição da *causa sui* só é invocada a partir do momento em que a demonstração subterrânea da substância causa de si ocorre – isso confortaria a interpretação hipotético-dedutiva da *Ética* e a idéia segundo a qual as definições deveriam esperar demonstrações que as validassem.

Espinosa mostrou, no entanto, que as definições não poderiam deixar em suspenso a questão da existência das coisas definidas, que elas deveriam ser afirmativas, deveriam afirmar a essência daquilo que definissem.[26] Como compreender, então, que Espinosa possa afirmar sem nomear, como compreender a presença constante de pronomes demonstrativos no enunciado mesmo das definições?

Essa presença responderia ao requisito da afirmação de intelecção que, pela penúria de palavras, poderia uma vez ou outra ser expressa negativamente ainda que seja entendida afirmativamente?[27] A *Gramática de Port-Royal* mostrou que, se o pronome tem por função substituir um nome,

---

[...]." ["Com efeito, da só necessidade da essência de Deus segue Deus ser causa de si (*pela proposição 11*) [...]".]

26. *Tratado da emenda do intelecto.*

27. Ibidem.

ele não é seu equivalente; mas a mesma *Gramática* colocou também um certo número de problemas quanto a sua função: o pronome velaria a coisa enquanto o nome a desvelaria? O pronome significaria a substância enquanto o nome significaria apenas a qualidade? O pronome não dá uma idéia confusa do que o nome qualifica, ainda mais quando ele é neutro ou quando está unido à palavra *res* [coisa]?

> A palavra para coisa, *res*, indica um atributo muito geral e confuso de todo objeto, e apenas ao nada não se pode aplicar a palavra coisa.[28]

Mas essa confusão sobre o que a palavra *coisa* ou o pronome indicam não permite salvar seu valor referencial e sua função propriamente denotativa?[29] De sorte que não seria preciso insistir tanto em algo a que o pronome remete, a qual nome, a qual parte do discurso; resumidamente: não seria preciso insistir tanto na determinação temporal implicada na natureza do pronome (ele remete a alguma coisa anterior, posterior?), quanto na sua determinação espacial. Mais que tomar o lugar de um nome anteriormente (ou posteriormente, no caso que aqui nos

---

28. A. Arnauld e P. Nicole, *La Logique ou l'art de penser* [*A Lógica ou a arte de pensar*], I, 15.

29. A fórmula *Für-Wort*, pronome – tomando-se *Wort* enquanto *nomen*, nome e substantivo – significa que palavras tais como 'este' são introduzidas no lugar de substantivos que elas substituem; elas *fazem* isso também, mas elas o fazem somente *também*. Falando do giz não dizemos sempre o nome, empregamos em seu lugar a expressão 'isto', mas o papel de lugar-tenente assim caracterizado não é a essência original do pronome. [...] A ação nominativa, que se completa na demonstrativa, faz parte do que há de mais original no dizer como tal; não é uma ação de simples substituição, segunda e subordinada." Heidegger, *Qu'est-ce qu'une chose?* [*O que é uma coisa?*], Paris, Gallimard, 1988, p. 36 (Tel). Edição original: M. Heidegger, *Die Frage nach dem Ding* [*A pergunta pela coisa*], Tübingen, Max Niemeyer Verlag, 1962, p. 19.

Ética 121

ocupa) expresso, o pronome remeteria a um objeto presente, designado pelo enunciado mas exterior a ele, visível para o discurso mas invisível no discurso, mostrando uma mira, não uma espera, uma exterioridade e não uma anterioridade.

Como bem mostrou J.-C. Pariente[30], os demonstrativos, que exprimem, como todos os pronomes primitivos, a pessoa e os pronomes demonstrativos, são da espécie da terceira pessoa. Um pronome como *aquilo* possui não apenas a capacidade de exprimir a pessoa mas também de determinar uma extensão. Exprimir a pessoa, para o pronome, significa situar o objeto de discurso em relação ao ato mesmo da fala. E isso vale não apenas para os pronomes pessoais, mas também para os demonstrativos. O demonstrativo indica como um dedo a coisa da qual se fala, faz que seja concebida como presente. Essa presença é apenas relacionada ao ato da fala ou da escrita. O pronome, portanto, qualquer que seja, não é simplesmente o signo de uma idéia confusa, ele envolve uma indicação de pessoa que o nome não comporta. É essa a função própria do pronome: exprimir seres determinados designando-os pela idéia de sua pessoa.

> Os pronomes, poder-se-ia dizer, são os nomes dos objetos que não se nomeia, ou seja, que não se designa pelas propriedades que lhes pertencem permanentemente, mas apenas por sua situação provisória em relação ao ato da fala.[31]

Portanto, a utilização de pronomes demonstrativos nas definições indica menos a expressão de uma hipótese

---

30. J.-C. Pariente, *L'analyse du langage à Port- Royal* [*A análise da linguagem em Port-Royal*], Paris, Minuit, 1985, cap. 6.
31. J.-C. Pariente, op. cit., p. 180.

que a de uma posição ou de uma presença, ou ainda de uma relação de vizinhança. Posição provisória, um movimento é lançado.

Logo, poder-se-ia dizer da leitura da *Ética* o que Roland Barthes dizia da música de Schumann quando tocada e não apenas ouvida. Conservar juntos o método e a doutrina, que não haja entre eles a largura de uma unha. Não para estar o mais perto possível de uma intenção do que um autor quis dizer, nem para tentar reunir, aproximar o que ele quis dizer e o que ele disse, mas para ler uma filosofia, para operá-la, "atraí-la, por assim dizer, para uma práxis desconhecida". A leitura da *Ética* seria, então, "como um ateliê, do qual nada, nenhum sonho e nenhum imaginário, em uma palavra, nenhuma alma transbordaria e onde todo o fazer [filosófico] seria absorvido em uma práxis sem repouso". Ler é fazer, não escutar uma voz que nos falaria.

### 7. *Como e por que via perfazer a intelecção?*

O método, em Espinosa, é o conhecimento reflexivo, a idéia da idéia, ou ainda a certeza. Ele não vem antes nem depois da aquisição ou da formação de idéias verdadeiras. É simultâneo à idéia verdadeira. Simultâneo não quer dizer, entretanto, idêntico. A idéia é diferente da idéia da idéia. E o conhecimento da essência não é o conhecimento da idéia. A idéia é a condição da idéia da idéia. Para ter-se a idéia da idéia é preciso, antes, ter-se uma idéia. Entretanto, para saber que esta idéia é verdadeira não preciso esperar ter tido a idéia. Há, portanto, uma prioridade da idéia sobre a idéia da idéia, sem anterioridade de um critério de verdade dessa idéia. A verdade é, ao mesmo tempo, critério de verdade. Ora, se a idéia precede todo método e se basta ter uma idéia para saber que ela é verdadeira, para que serve o método? O método serve para

Ética                                                                123

adquirir novas idéias verdadeiras? Para verificar que as idéias adquiridas são verdadeiras? Para garantir isso?

O método não produz a verdade da idéia. Admitamos que eu tenha uma segunda idéia ou que temos duas idéias verdadeiras. A verdade da primeira não pode servir, para mim, de critério de verdade da segunda, a evidência ligada à primeira não poderá servir para aquela ligada à segunda. Com efeito, não se vê muito bem como a denominação intrínseca se tornaria extrínseca. É, aliás, por isso, que posso me enganar uma vez sem medo de me enganar sempre. O método, como conhecimento reflexivo, não serve para extrair o produto de minha reflexão para deslocá-lo e utilizá-lo como critério de reconhecimento do verdadeiro. Seria contraditório que o método consistisse em erigir a primeira idéia verdadeira como critério de verdade das seguintes.

"O verdadeiro método é a via pela qual a própria verdade, ou as essências objetivas das coisas ou as idéias (tudo isso quer dizer o mesmo) sejam buscadas na devida ordem." O papel do método é indicar a ordem devida? Mais que em um deslocamento da certeza fundado em uma estática da idéia e que definiria o método, é no encadeamento mesmo que a necessidade do método aparece. Porque o critério supremo é que as idéias estejam encadeadas na ordem devida. Todavia, a expressão "na ordem devida" parece indicar uma conformidade e, aqui também, uma denominação extrínseca. Não há uma ordem preexistente que seria preciso seguir, tanto quanto não há um critério de verdade válido para uma idéia e que seria preciso deslocar.

A forma do verdadeiro, ou conhecimento reflexivo, é dedutiva. A mente tem uma idéia da idéia quando deduz uma idéia de uma outra de acordo com a relação causal entre os ideados formais ou reais dessas idéias na natureza. Espinosa diz freqüentemente no *Tratado da emenda* e na *Ética* que suas concepções sobre a substância, o conhecimento e o método filosóficos governam seu uso das definições, axiomas, proposições e figuras geométricas. Conseqüentemente, o método geométrico de Espinosa só pode ser compreendido e fundado por e em sua doutrina do método dedutivo enunciada no *Tratado da emenda do intelecto.*

O método possui uma dinâmica que une a mente à natureza inteira. O método é a busca de idéias para o bem supremo. A ordem das idéias é reflexiva. O método dedutivo começa com uma idéia verdadeira e vai "rapidamente" para o conhecimento do ser perfeito e para sua própria perfeição reflexiva. De qualquer maneira, podemos, com V. Maxwell[32], colocar-nos contra a interpretação formalista da *Ética* – formalista querendo dizer a abstração da gênese do espírito que se compõe com o todo da Natureza.

Essa interpretação formalista pode tomar muitas formas: a *Ética* procederia a partir de hipóteses iniciais; Espinosa seria um euclidiano estrito por causa do uso do método geométrico; as modalidades lógicas e, em particular, a necessidade seriam arbitrariamente construídas como funções do conjunto alternativo, intercambiável, de axiomas e de regras que caracterizam a lógica modal. E, no entanto, nota Maxwell, Espinosa descobre a substância, cria seu conceito, e isso significa que o método, a reflexão e a dedução são idênticas para Espinosa, que a substância mesma é deduzida na redução de idéias verdadeiras à unidade, ou seja, à sua única fonte e causa, e que se deve distinguir o bom método (*Tratado da emenda*) do método perfeito (*Ética*). A substância não é uma hipótese.

> Os formalistas não sonham em se perguntar se o uso, por Espinosa, do método geométrico implica uma filosofia

---

32. Vance Maxwell, *The Philosophical Method of Spinoza* [*O método filosófico de Espinosa*], Yale University Press, 1990.

Ética                                                              125

da geometria que sustente que a dedução geométrica, fundada na substância e na ideação adequada, é mais concreta que abstrata.[33]

## 8. *Como se fosse questão de linhas, planos, volumes...*

Um dos mistérios da *Ética* é o arcaísmo de sua forma. De certa maneira, Espinosa não dá conta das descobertas cartesianas em geometria, ele parece ignorá-las e ignorar que Descartes tirou partido dessas descobertas para seu método em filosofia. O deslocamento, pouco a pouco, de uma relação de proporção, a determinação arbitrária do método das ordenadas, assim como a subordinação do sensível às leis do intelecto, não poderiam satisfazer Espinosa como satisfizeram Descartes. De tal maneira que a interpretação segundo a qual Espinosa teria aplicado à filosofia o método da geometria cartesiana parece, para nós, tropeçar na confusão entre a continuidade analítica e a indivisibilidade genética. A *Ética* não é contínua, mas seu movimento é indivisível.

Na geometria analítica, as linhas são como as trajetórias dos pontos. O movimento não designa, portanto, um percurso concreto, mas um processo puramente ideal. O conceito de movimento serve de exemplo ao conceito geral de série.

> A linha geométrica oferecida à intuição se reduz, em virtude desse processo, a uma pura série de valores numéricos unido em conjunto por meio de uma certa regra aritmética.[34]

---

33. Vance Maxwell, op. cit., p. 92.
34. E. Cassirer, *Substance et fonction*, Paris, Minuit, p. 93. [Edição original: *Substanzbegriff und Funktionsbegriff*, Berlin, 1910; Darmstadt, Wissenschaftliche Buchgesellschaft, 1969.]

Espinosa teria ultrapassado a geometria da medida para elaborar uma ordem que é causa de uma geometria da posição. Parece uma regressão em relação a Descartes. E, no entanto, o que se censura na análise é o fato de ela não poder situar, no interior do domínio que se trata de ordenar, o princípio universal da ordem, sobre o qual ela prevalece, e de ser obrigada a se remeter, para esse fim, a um ponto de vista estranho e exterior ao objeto considerado. Assim, o método das ordenadas introduz uma determinação arbitrária. Pensar no atributo "extensão" implica a necessidade de se manter no interior mesmo do geométrico sem relacionar a figura a relações numéricas abstratas. A intuição, em oposição à análise, visa desembaraçar a ligação das figuras entre si e se concentrar na maneira pela qual todas as figuras engendram umas às outras. Portanto, não é preciso confundir a continuidade analítica e a indivisibilidade sintética. Foi essa geometria intuitiva que, como aponta Espinosa, mostrou aos homens uma outra norma de verdade? É essa geometria que é um conhecimento impassível? É dela que as demonstrações tiram seu poder de ver e de tornar visível?

Pela definição da causa de si Espinosa se dá imediatamente o infinito. Mas, quando alguém se dá o infinito, está necessariamente "dentro"... Dentro do infinito Espinosa tem uma posição, mas quando se tem uma posição no infinito, se o determina necessariamente e corre-se o risco de perdê-lo. Logo, seria preciso que essa posição fosse ao mesmo tempo uma afirmação, isto é, uma indeterminação. Donde o ponto de vista das noções comuns e o fato de a ordem geométrica exprimir um desejo de pensar com os outros. Mas não somente de pensar: como dizia profundamente Montesquieu, Espinosa "emprega a ordem geométrica para elevar minha alma à dignidade de meu corpo".

# Conclusão

Há, primeiro, o infinito, e dizer *primeiro* é ainda impróprio, porque o infinito produz, produz infinitamente, e o infinito sabe que produz e sabe o que ele produz e se produz. Esse infinito que produz infinitamente se chama *Deus, Substância* ou *Natureza*. O infinito não envolve nenhuma negação; então, digamos, há primeiro o infinito! Assim como as crianças falam "primeiro" quando elas afirmam alguma coisa. O infinito produz infinitamente suas próprias modificações, modificações infinitas. Essas modificações se chamam afecções. Como escrevia Balzac em *César Birotteau*, a primeira coisa que se pede a Deus é que seja lógico consigo mesmo. Deus, substância ou Natureza é lógico consigo mesmo produzindo suas afecções.

No entanto, essa lógica não é evidente, uma vez que as afecções são determinações e as determinações envolvem negações. Como, então, o que não envolve nenhuma negação pode produzir infinitas determinações? Entre as determinações da substância, ou da Natureza, ou de Deus, há as coisas finitas, as coisas singulares: essas coisas são finitas mas do exterior. Dir-se-á, por exemplo, que um corpo é finito porque um corpo maior o limita, ou que um pensamento é finito porque um outro o limita. Logo, há uma infinidade de determinações que se limitam. Segue-se que uma coisa singular não é uma negação em si mesma, mas apenas em relação com uma outra que a limita.

Há infinitas coisas singulares, e Espinosa não trata de produzi-las, já estão feitas: a *Ética* não é um tipo de gênese das coisas, mas um conhecimento genético dessas coisas, pelo menos um conhecimento das coisas que podem nos tornar um pouco menos limitados. Todas essas coisas são feitas do mesmo material e todas são teimosas, todas *desejam* e desejam, antes de tudo, continuar, continuar no ser. Se tudo é feito do mesmo material, nada se excetua da Natureza e, então, tudo tem uma causa; nada, inclusive as piores coisas.

Mesmo as idéias têm seu desejo, é preciso encontrar ainda aquelas que se encadeiam a outras, e isso não está dado: o mais das vezes temos idéias que se limitam umas às outras. É a alegria e a tristeza do pensador, a alegria e a tristeza do homem (pois "o homem pensa"). E mesmo essas idéias que se limitam umas às outras deixam de se limitar quando as relacionamos a sua causa.

É preciso, apenas, evitar os benefícios daqueles cujas idéias limitam as nossas e Espinosa não é daqueles que se convém evitar.

# Bibliografia

## 1. *Obras de Espinosa em português*[1]

*Correspondência selecionada.* Trad. e notas de Marilena Chaui. In: *Espinosa*, São Paulo: Abril Cultural, 1979. (Os pensadores)

*Ética.* Trad. e notas de Joaquim de Carvalho, Joaquim Ferreira Gomes e Antônio Simões. In: *Espinosa*, São Paulo: Abril Cultural, 1979. (Os pensadores)

*Ética.* Trad. e pref. de Lívio Xavier. Rio de Janeiro: Ed. de Ouro, 1963.

*Pensamentos metafísicos.* Trad. e notas de Marilena Chaui. In: *Espinosa*, São Paulo: Abril Cultural, 1979. (Os pensadores)

*Tratado da correção do intelecto.* Trad. e notas de Carlos Lopes Matos. In: *Espinosa*, São Paulo: Abril Cultural, 1979. (Os pensadores)

*Tratado da reforma do entendimento.* Trad. de Abílio Queiros. Lisboa: Edições Setenta, 1987.

*Tratado da reforma do entendimento.* Introd., trad. e notas de Lívio Teixeira. São Paulo: São Paulo Editora, s.d.

*Tratado político.* Trad. de Manuel de Castro. In: *Espinosa*. São Paulo: Abril Cultural, 1979. (Os pensadores)

---

1. Cf. Marilena Chaui, *Cadernos Espinosanos*, III, "Bibliografias" (p. 105-7), publicação do Departamento de Filosofia da FFLCH-USP, 1998.

*Tratado político.* Trad. e pref. de José Peres. Rio de Janeiro: Ed. de Ouro, 1968.

*Tratado teológico-político.* Intr., trad. e notas de Diogo Pires Aurélio. Lisboa: Imprensa Nacional/Casa da Moeda, 1988.

## 2. Comentários

BALIBAR, E. *Spinoza et la politique.* Paris: PUF, 1985. (Philosophes, 8)

CRISTOFOLINI, P. *Spinoza, chemins dans l'Éthique.* Paris: PUF, 1996. (Philosophes, 69)

DELBOS, V. *Le problème moral dans la philosophie de Spinoza et dans l'histoire du spinozisme.* Paris: Alcan, 1893 [reedição com introdução de Matheron. Paris: PUPS, 1990. (Travaux et documents du Groupe de recherches spinozistes)].

DELEUZE, G. *Spinoza. Philosophie pratique.* Paris: Éditions de Minuit, 1981. [Ed. bras.: *Espinosa: filosofia prática.* Trad. de Daniel Lins e Fabien Pascal. São Paulo: Escuta, 2002.]

MACHEREY, P. *Introduction à l'Éthique de Spinoza.* Paris: PUF, 1994-1997 (4 volumes editados).

MOREAU, P.-F. *Spinoza.* Paris: Éditions du Seuil, 1975. (Écrivais de toujours)

NEGRI, A. *L'anomalie sauvage, puissance et pouvoir chez Spinoza.* Paris: PUF, 1982.

## 3. Comentários em português

ABREU, L. M. de. *Spinoza. A utopia da razão.* Lisboa: Veja Universidade, 1993.

AURÉLIO, D. P. "Introdução" ao *Tratado teológico-político.* Lisboa: Imprensa Nacional/Casa da Moeda, 1988.

_____. III Espinosa [quatro estudos]. In: *A vontade de sistema. Estudos sobre filosofia e política.* Lisboa: Cosmos, 1998.

CHAUI, M. *Espinosa. Uma filosofia da liberdade.* São Paulo: Moderna, 1994; 1999 (texto introdutório).

# Bibliografia

\_\_\_\_\_. *A nervura do real. Imanência e liberdade em Espinosa.* Vol. I: *Imanência.* São Paulo: Companhia das Letras, 1999.

\_\_\_\_\_. *Política em Espinosa.* São Paulo: Companhia das Letras, 2003.

DELBOS, V. *O espinosismo: curso proferido na Sorbonne em 1912-1913.* Trad. de Homero Silveira Santiago. São Paulo: Discurso Editorial, 2002.

FERREIRA, M. L. R. *A dinâmica da razão na filosofia de Espinosa.* Lisboa: Fundação Calouste Gulbenkian, 1997.

GLEIZER, M. A. *Verdade e certeza em Espinosa.* Porto Alegre: L&PM, 1999.

JORDÃO, F. V. *Espinosa. História, salvação e comunidade.* Lisboa: Fundação Calouste Gulbenkian, 1990.

LEVY, L. *O autômato espiritual. A subjetividade moderna segundo a Ética de Espinosa.* Porto Alegre: L&PM, 1998.

NOGUEIRA, F. de A. *O método racionalista-histórico em Spinoza.* São Paulo: Mestre Jou, 1976.

TEIXEIRA, L. *A doutrina dos modos de percepção e o conceito de abstração na filosofia de Espinosa.* São Paulo: Ed. Unesp, 2002.

ESTE LIVRO FOI COMPOSTO EM SABON
CORPO 10,7 POR 13,5 E IMPRESSO SOBRE
PAPEL OFF-SET 90 g/m² NAS OFICINAS DA
BARTIRA GRÁFICA, SÃO BERNARDO DO
CAMPO-SP, EM OUTUBRO DE 2003